AF524031

INDOOR DIY-PROJEKTE

AUS BAUMARKT-MATERIAL

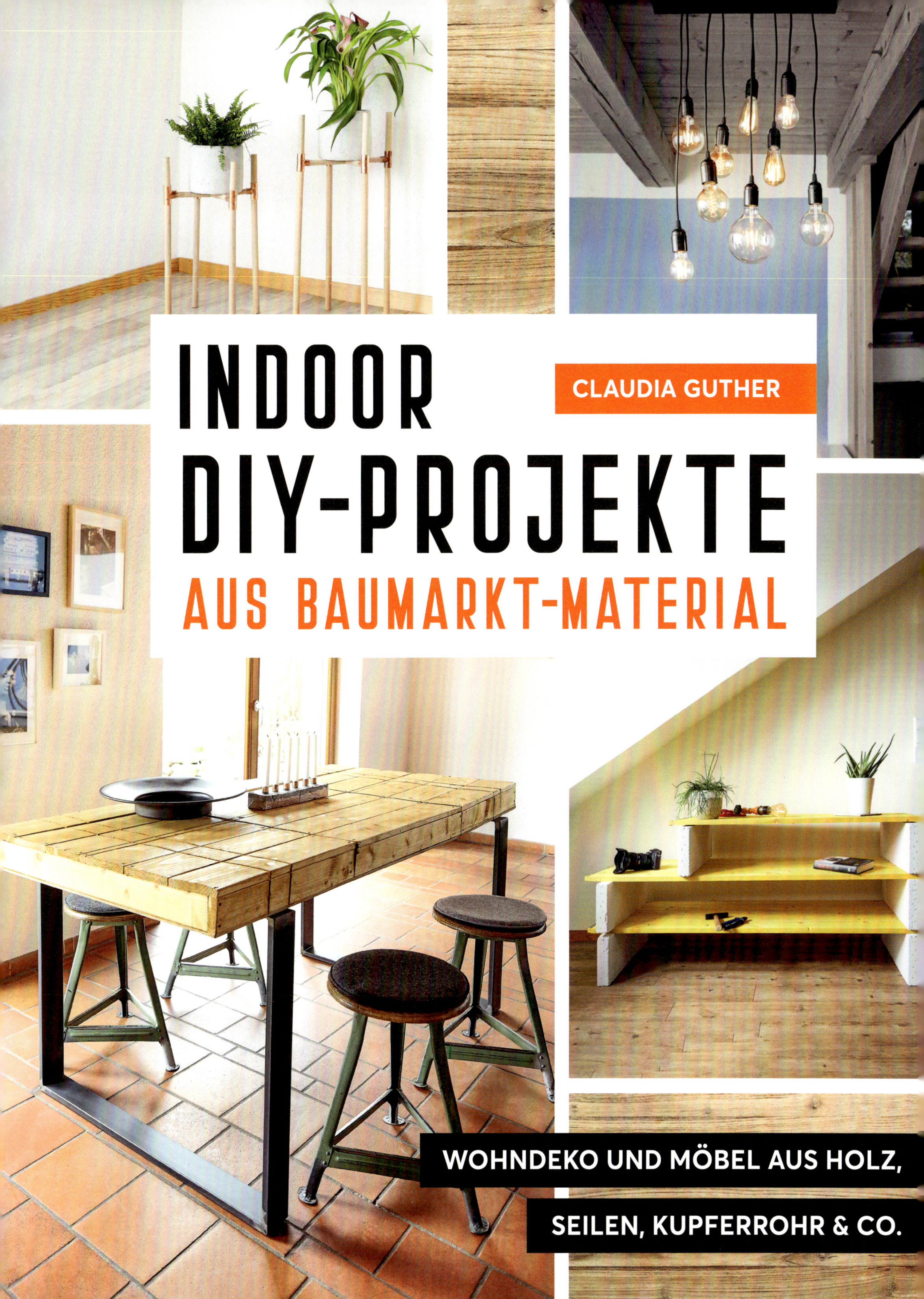

INDOOR DIY-PROJEKTE AUS BAUMARKT-MATERIAL

CLAUDIA GUTHER

WOHNDEKO UND MÖBEL AUS HOLZ, SEILEN, KUPFERROHR & CO.

INHALT

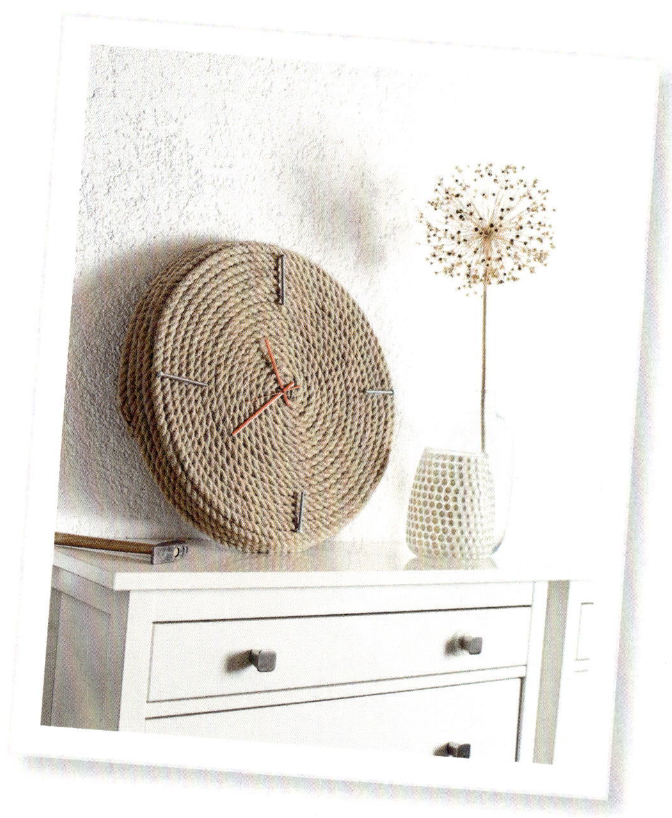

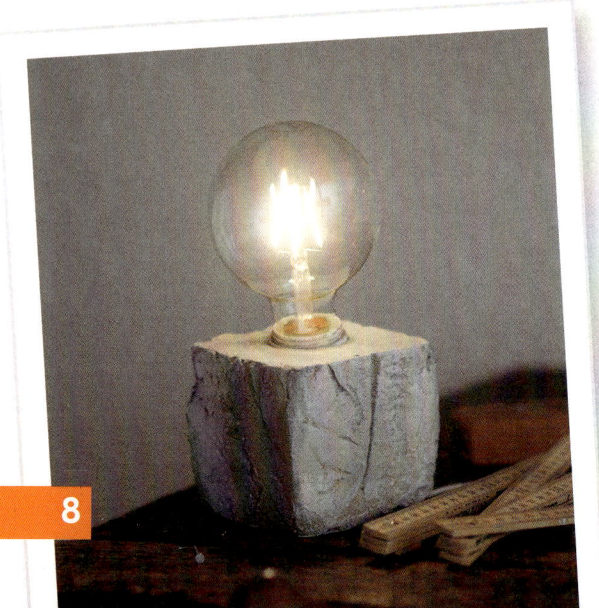

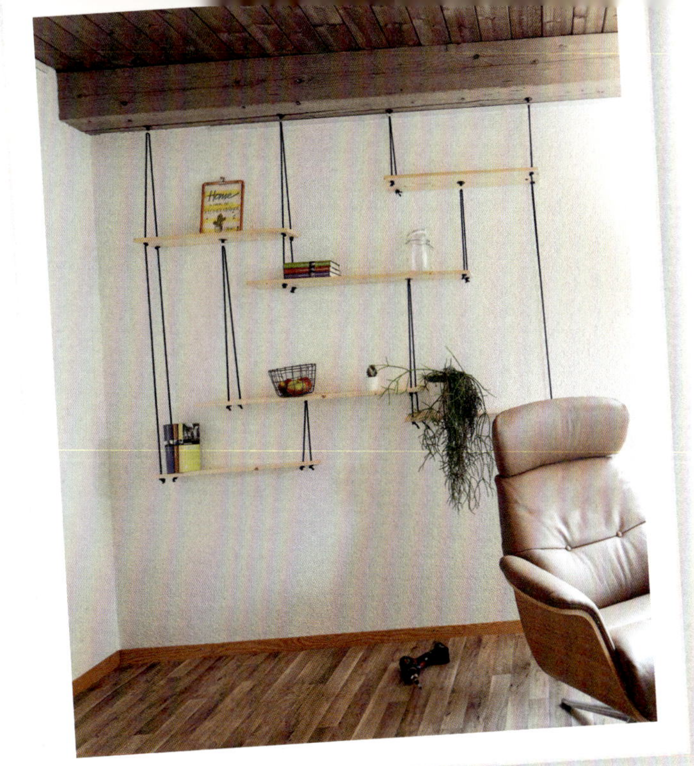

GROSSE & KLEINE MÖBEL 70

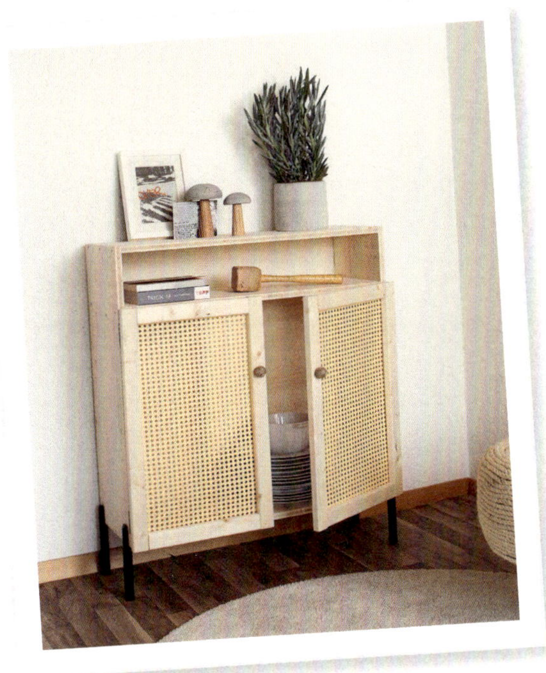

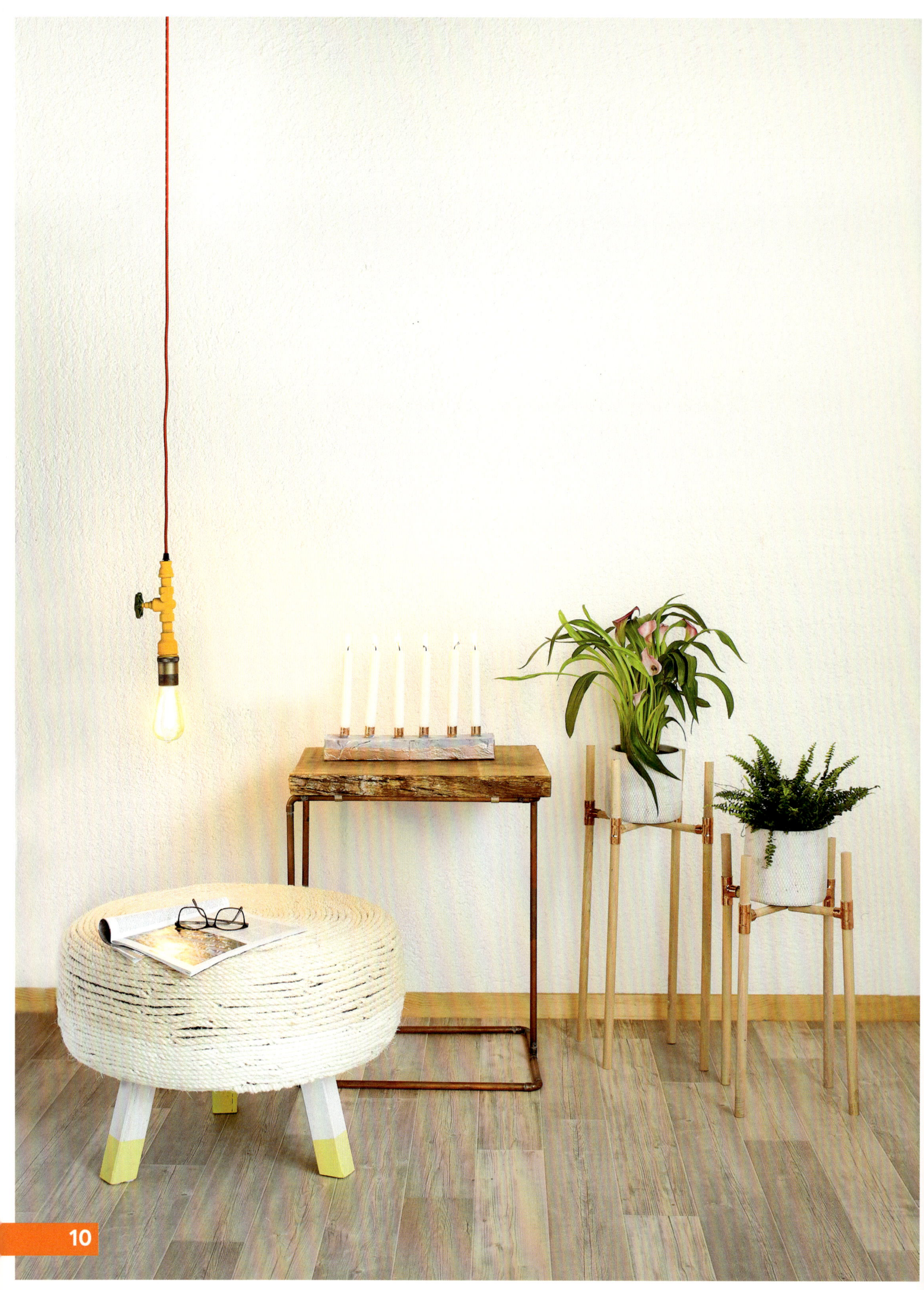

VORWORT

Es ist schon wieder ein Jahr vergangen, und der tolle Zuspruch zu meinem DIY-Baumarktbuch Outdoor hat uns darin bestärkt, dieses Buch zu Indoor-Baumarktmaterial machen.

Schön, dass Sie hier blättern und vielleicht schon bald anfangen zu werkeln!

Wer schon Bücher von mir kennt, weiß dass ich doch eher pragmatisch bin. Ein Gegenstand sollte schnell und mit einfachen Geräten zu realisieren und zudem noch dekorativ sein. Und da ich eher bei Regentagen den Baumarkt aufsuche als eine Einkaufsgallerie, kam die Idee auf, den Baumarkt auch anderen Menschen nahezubringen. Denn hier findet sich tolles Potenzial an Kreativität und Materialien, welche einfach in der Fülle untergehen.

Das Vorgängerbuch brachte uns neuen Schwung in den Urlaub in „Gardenien" oder auf „Balkonien", um dort kreativ zu wirken. Dieses Mal möchten wir in den eigenen vier Wänden etwas Neues gestalten.

Lassen Sie sich mitnehmen in den nächsten Kreativ-Urlaub, ob beim Durchblättern des Buches, beim Sammeln von Inspirationen und last but not least beim Selberbauen.

Ihre Claudia Guther

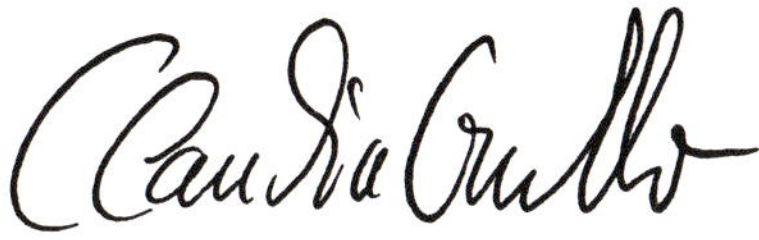

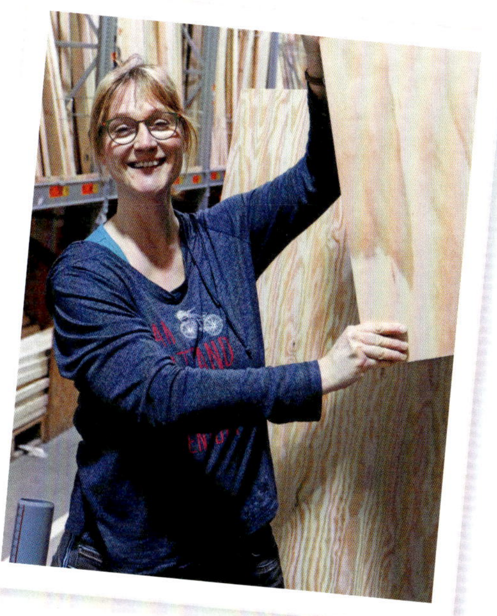

MATERIALIEN

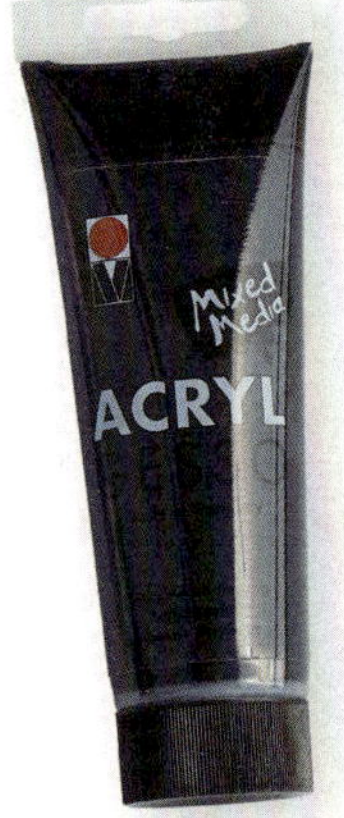

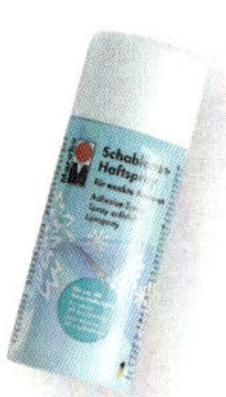

Acrylfarbe, Haftspray für Schablonen

KÜCHENROLLE

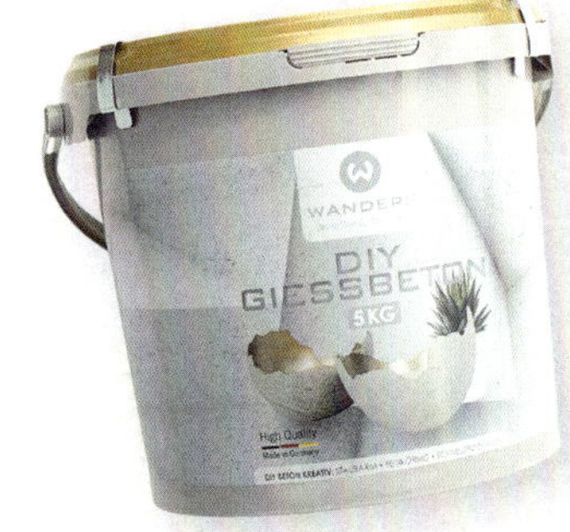

BETON

SCHABLONEN

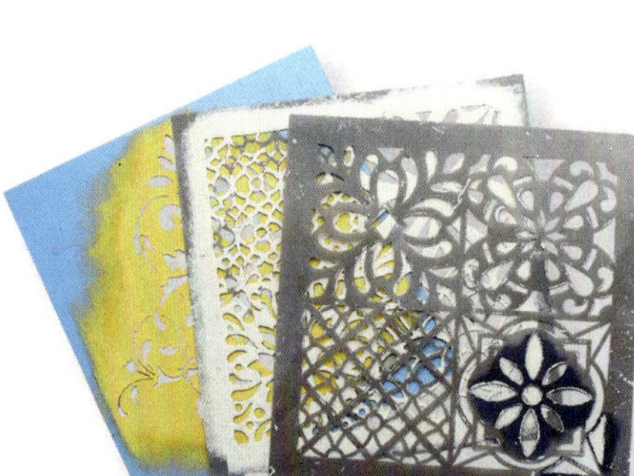

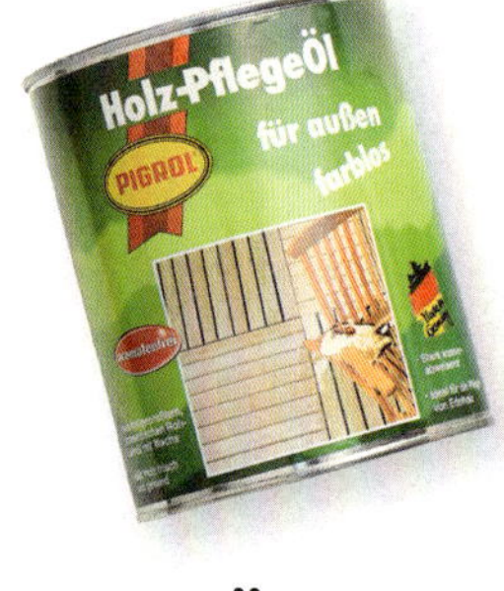

HOLZÖL

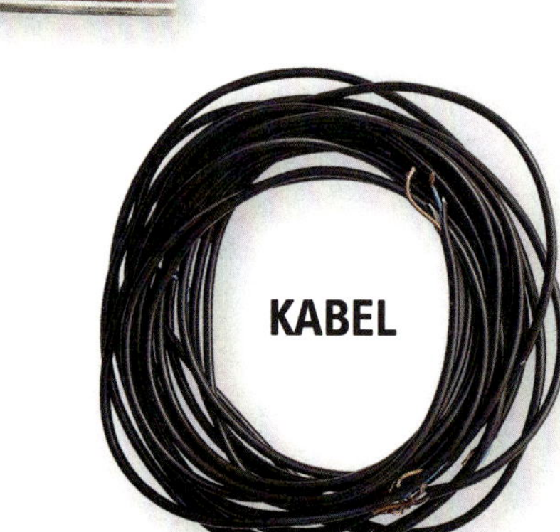

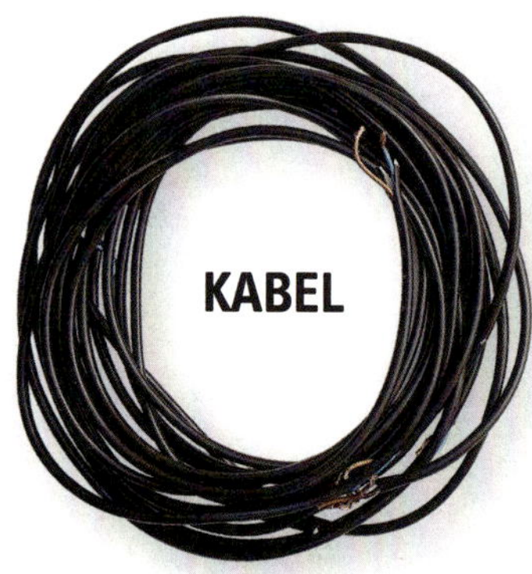

KABEL

BRETTER, HÖLZER, LATTEN & Co.

STYROPOR-BAUSTEINE

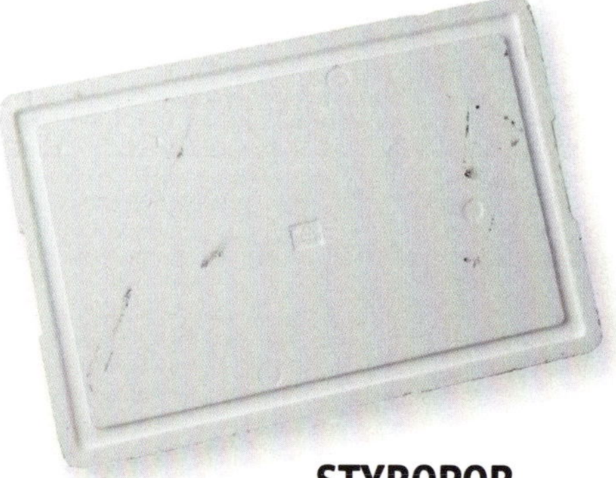

STYROPOR

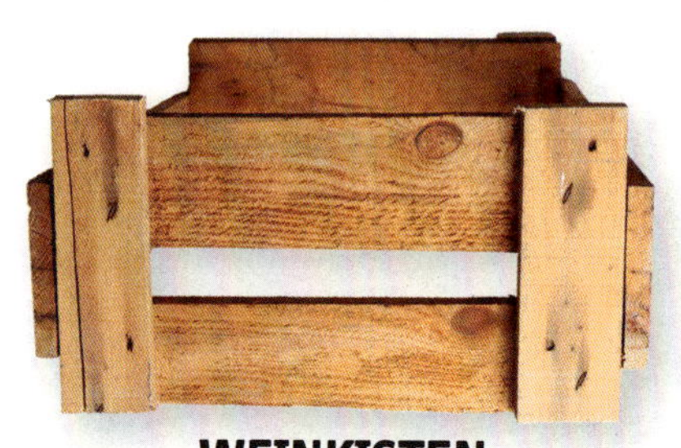

WEINKISTEN

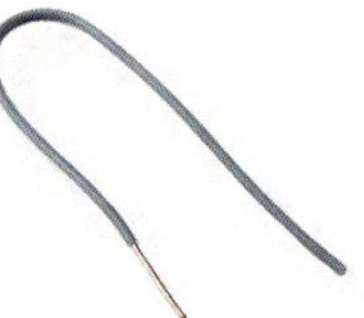

KUPFERDRAHT

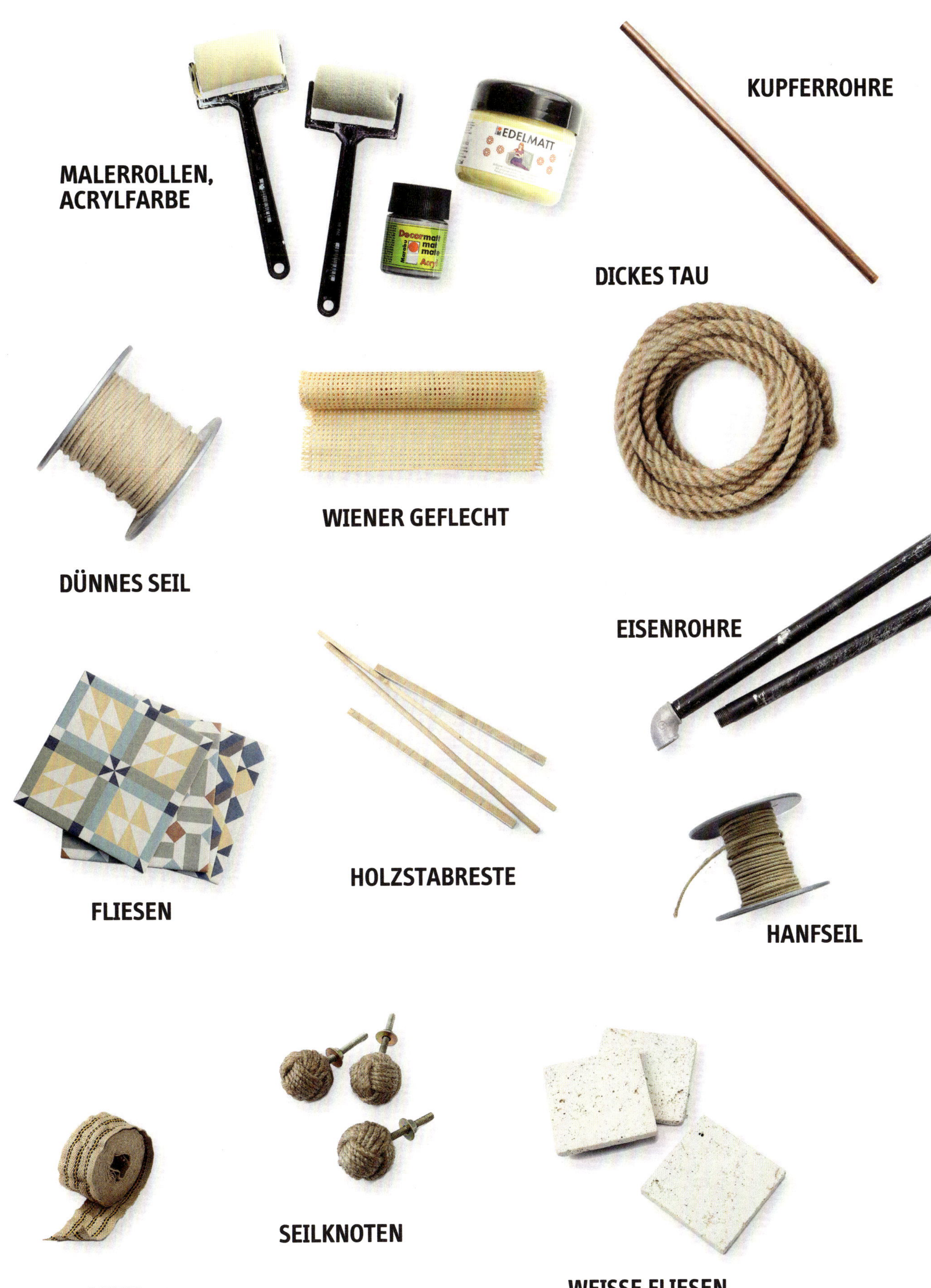
MALERROLLEN,
ACRYLFARBE
KUPFERROHRE
DICKES TAU
DÜNNES SEIL
WIENER GEFLECHT
EISENROHRE
FLIESEN
HOLZSTABRESTE
HANFSEIL
GURT
SEILKNOTEN
WEISSE FLIESEN

WERKZEUGE

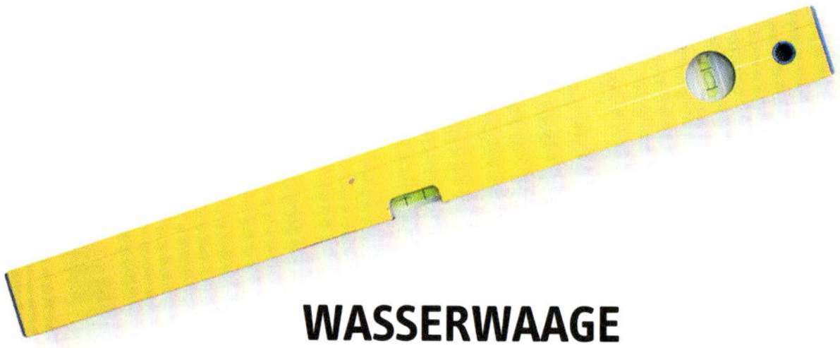

WASSERWAAGE

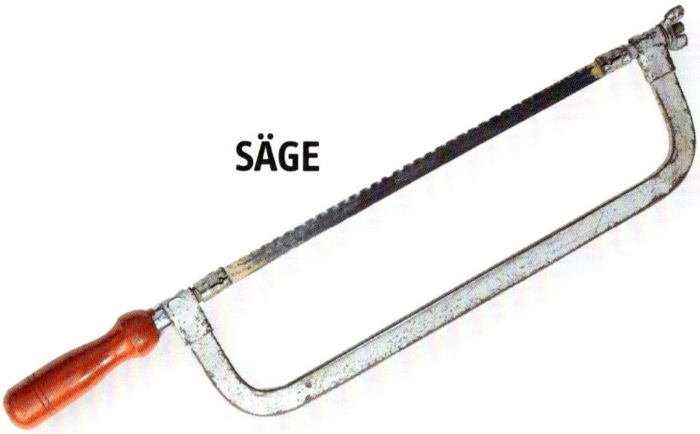

SÄGE

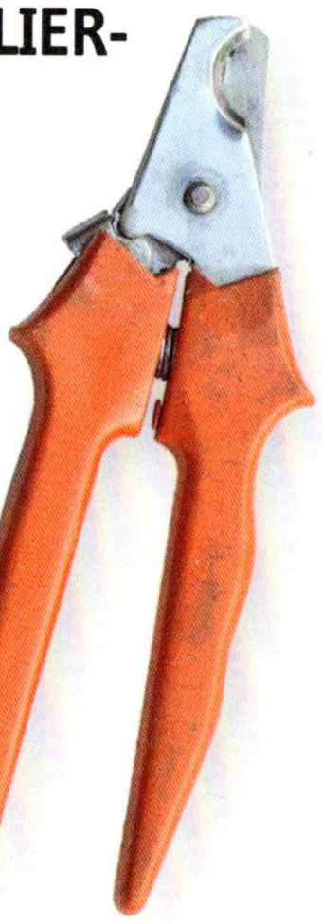

KABELABISOLIER-
ZANGE

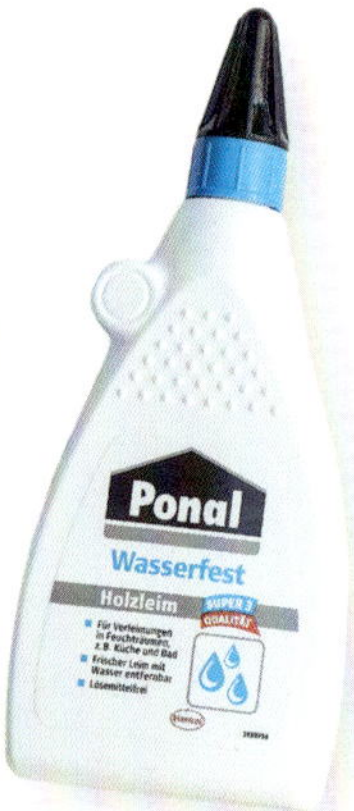

HOLZLEIM

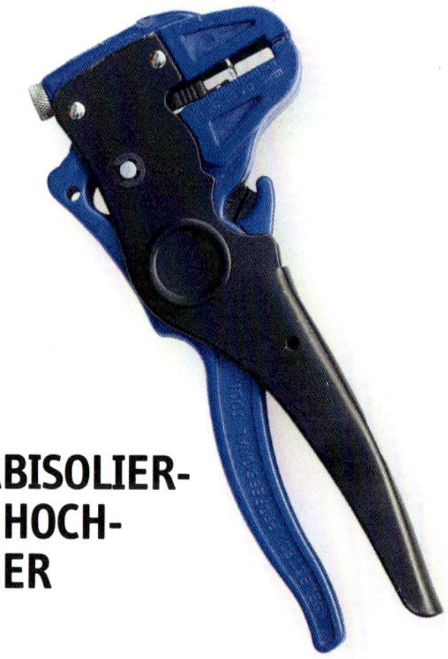

KABELABISOLIER-
ZANGE, HOCH-
WERTIGER

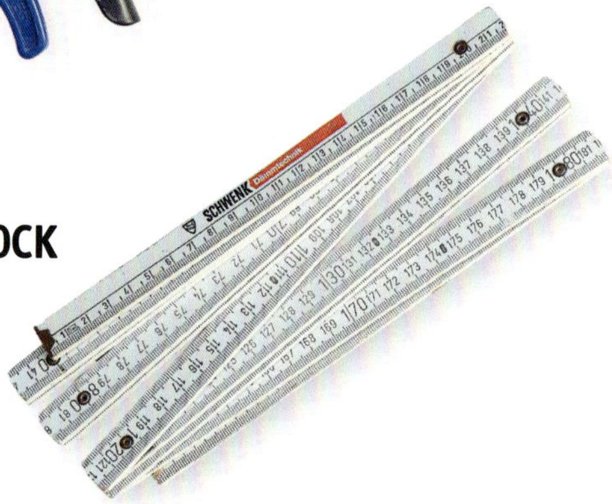

ZOLLSTOCK

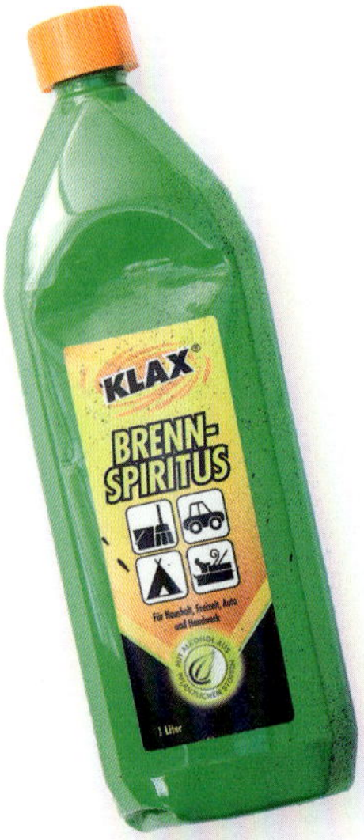

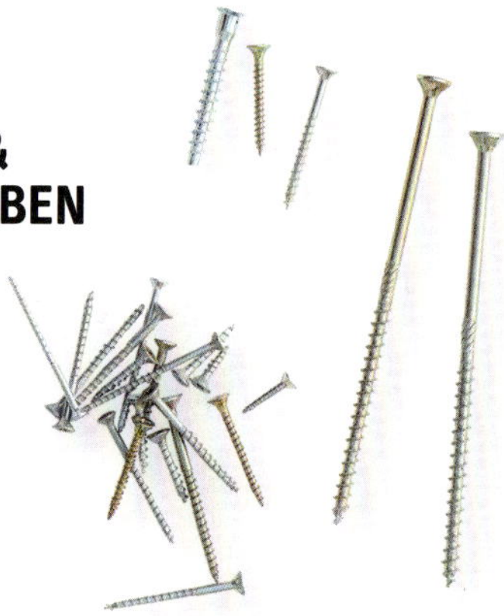

NÄGEL &
SCHRAUBEN

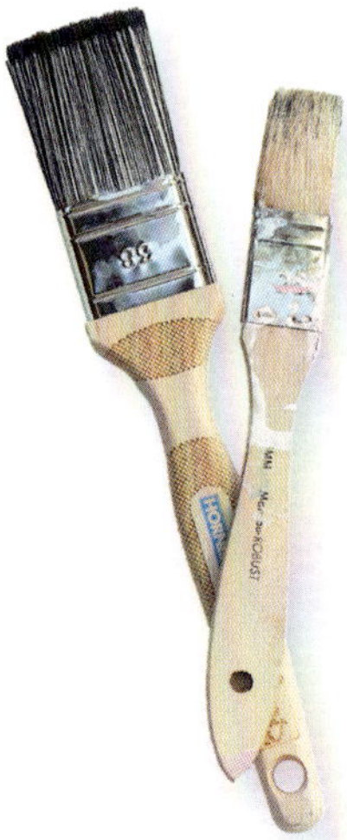

PINSEL

SPIRITUS

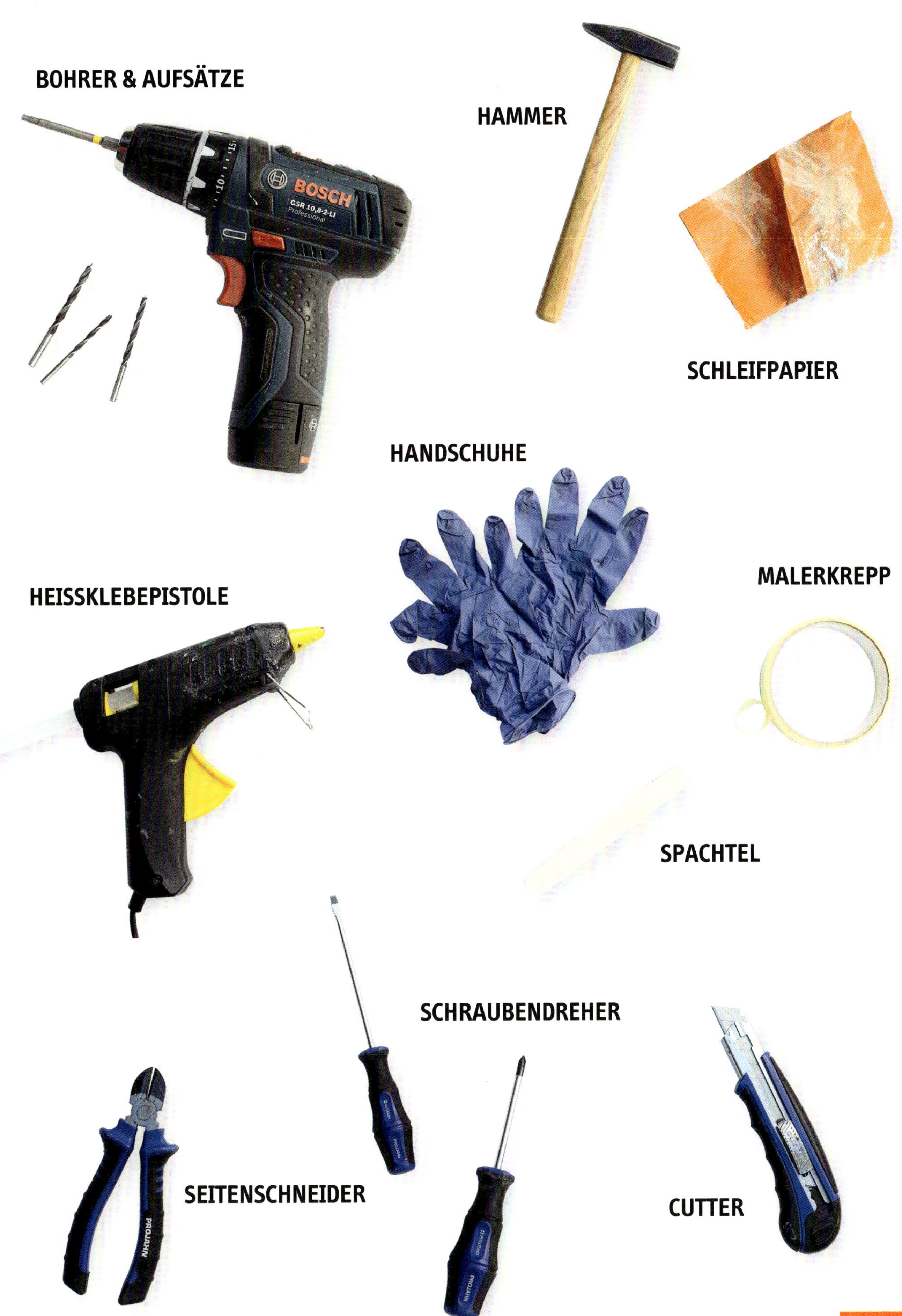
BOHRER & AUFSÄTZE
HAMMER
SCHLEIFPAPIER
HANDSCHUHE
HEISSKLEBEPISTOLE
MALERKREPP
SPACHTEL
SCHRAUBENDREHER
SEITENSCHNEIDER
CUTTER

GRUNDANLEITUNG
MATERIALIEN & WERKZEUGE

FÜR DIE HOLZARBEITEN:

- Sägen: Stichsäge, Japansäge, Hand- bzw. Kreissäge sowie Kapp- und Gehrungssäge
- Akkuschrauber
- Bohrmaschine
- Verschiedene Holzbohrer
- Verschiedene Schrauben – bevorzugt Torx, da diese mit ihrem Schraubkopf einfach mit guter Griffigkeit einzudrehen sind; Spax, da selbstschneidend und auch in rostfrei vorhanden
- Schleifpapier, verschiedene Körnungen
- Feuchter Lappen oder Schwamm für das Wässern von Holz
- Holzleim, wasserfest
- Forstnerbohrer
- Stichsäge
- Gummihammer
- Oberfräse
- Stechbeitel

SONSTIGE HELFER:

- Heißklebepistole
- Doppelseitiges Klebeband
- Tacker
- Rundpinsel
- Flachpinsel
- Schaumstoffwalzen
- Holzlasurfarbe
- Spraydosen Kreidefarbe
- Kreppband
- Cutter

MATERIALKUNDE

HOLZ

Hier muss man abwägen:
Geld oder Zeit oder große Gerätschaften zu Hause.

Um mir Zeit und Arbeit zu ersparen, gehe ich schon sehr oft mit fertigen Maßen in den Baumarkt. Für einen kleinen Obolus können hier von einer Großplatte Teilabschnitte abgesägt werden. So benötige ich keine großen Gerätschaften, habe ein einfacheres Packmaß für das Auto, und die Geduld der Nachbarn und des Staubsaugers sind überschaubar.

Ich wähle bei Latten immer gleich gehobelt/gefast, dann muss ich diese Arbeiten nicht mehr daheim machen.

Die Siebdruckplatte für den Außenbereich ersetze ich mit der Tischlerplatte: stabil und leicht, und die Sägekanten wirken interessant.

EIN PAAR HILFREICHE TIPPS AUF DEN WEG

SÄGEN

Sollten Sie von Hand arbeiten, denken Sie bitte immer daran, dass unnötiger Kraftaufwand das Endergebnis beeinflusst. Scharfe Sägen benötigen nur wenig Kraft bzw. Druck. Zuviel Druck verbiegt das Sägeblatt und die Linie wird gebogen oder gar eine ungewollte „Minigehrung“ ist das Ergebnis. Bilden Sie mit Arm und Schulter eine Linie. Erst mit einem flachen Schnitt beginnen und dann gleichmäßig und mit langen Schüben die Säge bewegen.

VORBOHREN, JA ODER NEIN?

Je nach Schneidekraft der Schrauben habe ich mich spontan für das Vorbohren oder rasches Einschrauben der Schrauben entschieden. Generell verwende ich Schrauben mit selbstschneidenden Gewinden, somit erspare ich mir einen Arbeitsvorgang, nämlich das Vorbohren. Doch bei sehr schmalen oder dünnen Leisten ist Vorbohren immer ratsam. Für mich war es eine gute Wahl, Torx- Schrauben zu verwenden und bevorzugt Stahlschrauben. Diese sind zwar etwas teurer und auch anfälliger im Abbrechen, wenn man auf einen Ast trifft. Doch generell denke ich, dass das Werkzeug, das Sie zu Hause haben, für die Projekte in diesem Buch ausreichen sollte.

Schließlich bin ich auch etwas betriebsblind, da ich doch einiges mehr anschrauben und eindrehen musste als Sie. Ich habe bei der Menge an Schrauben auf einen Akkuschrauber zurückgegriffen.

MATERIAL

Bei der Wahl der vorgearbeiteten Latten (sägerau oder gefast) habe ich mich nach dem Schleifaufwand entschieden, den ich noch leisten musste. Wenn der Innenraum, die Abwischbarkeit oder die Möglichkeit von Körperkontakt ein Thema waren, habe ich mich für gehobelte und gefaste Latten entschieden, z.B. Sitzflächen etc.

ALS ALLGEMEINER TIPP

KUPFERROHR

Kupferrohre werden in zahlreichen Bereichen eingesetzt, doch hier nur in begrenzter Form. Zum professionellen Fügen (Verbinden) von Rohren gehört auch ein sachkundiges Schneiden bzw. Ablängen. Keinesfalls dürfen Sie ein Kupferrohr mit nicht geeigneten Werkzeugen oder Maschinen schneiden. Als Beispiel wäre insbesondere der Winkelschneider mit Trennscheibe zu nennen. Kupferrohre immer mit einem Rohrschneider schneiden!

Sollte Kupfer mit der Zeit anlaufen, ist dies etwas Normales. Das kann mit Einsprühen von Klarlack vermieden werden. So kommt das Kupfer nicht mit Sauerstoff in Verbindung.

Kupfer ist relativ weich, deswegen auf keinen Fall mit Draht, Stahlwolle oder scharfen Scheuermitteln arbeiten. Essig ist das Hausmittel dafür! Essig und ein weiches Tuch verleihen dem Rohr wieder die alte Farbe und den Glanz! Ein tolles Hausmittel.

MATERIALIEN & CO.

Um einen raschen Erfolg zu haben, sollte man auf jeden Fall Besitzer einer Stichsäge und eines Akkuschraubers sein.

FARBE

Der Farbton macht die Stimmung. In diesem Buch haben wir nur auf den natürlichen Baumarkt-Look gesetzt und daher lediglich Dispersionsfarben, Lacke und Acrylfarbe in dezenten Farben verwendet.

HOLZ BEARBEITEN

Wer mit Holz arbeitet, sollte sich vorab ein paar wichtige Grundkenntnisse über Holz und seine Einsatz- und Verarbeitungsmöglichkeiten aneignen.

VORARBEITEN

Generell wird das Holz, das lackiert wird - egal ob lasierend, mit matter oder mit glänzender Farbe - mit einem feuchten Tuch oder Schwamm „gewässert". So können sich die Holzfasern gezielt hochstellen und vor dem ersten Farbauftrag abgeschliffen werden. Natürlich kann man das auch weglassen, doch dann erhält man eine raue Farbschicht, die dann abgeschliffen und später erneut satt eingestrichen werden muss. Der Umwelt und unserem Geldbeutel zuliebe also der Einsatz mit Wasser.
Beim Wässern sollten Sie folgende Dinge berücksichtigen: Verwenden Sie lauwarmes Wasser, damit quellen die Fasern besser auf. Lassen Sie das Holz nach dem Wässern lange genug trocknen, am besten über Nacht. Schleifen Sie nach dem Wässern nicht mit der Maschine, sondern nur mit leichtem Druck von Hand.

SCHLEIFPAPIER

gibt es in vielen Körnungen. In diesem Buch arbeiten wir mit 180er und 220er Körnung.

Körnungsangabe nach CAMI Verwendung	
grob Entfernen von Leim- und Farbschichten	6–30
mittel Grobes Vorschleifen roher Holzflächen	36–80
fein Feinschleifen roher Holzflächen	100–180
sehr fein Nachschleifen gewässerter, grundierter und lackierter Flächen	220–1000

KLEBEBAND, ABKLEBEBAND

Verzichten Sie nicht auf diese kleinen Problemlöser, ob Sie eine gerade Linie brauchen oder einfach die Schablone sicher fixieren möchten ...

BOHRER

Für ein gutes Ergebnis sind Holzbohrer von der Geometrie und der Anordnung auf den Werkstoff ausgerichtet. Holz besteht im Inneren aus abwechselnd harten und weichen Fasern. Ein herkömmlicher Bohrer gleitet an den harten Fasern ab. Ungenaue Bohrlöcher und ausgefranstes Holz sind die Folge.
Der Holzspiralbohrer ist der Bohrer für kleine und mittlere Bohrtiefen. Charakteristisch für ihn ist die Zentrierspitze, die effektiv gegen ein Verlaufen des Bohrers schützt. Die Schneiden an der Bohrerspitze sind so angeordnet, dass der Lochaußenrand zuerst geschnitten wird. Durch diese Anordnung wird das Ausreißen der Bohrlochränder, zumindest an der Oberseite des Werkstücks, effektiv verhindert.

SCHRAUBEN

Ich bin nicht die perfekte Handwerkerin, aber praktisch und schnell sollte es gehen.
Es ist leider kein seltenes Bild: Ein Werkstück soll mit einer Schraube versehen werden – und schon kommt es zu Problemen. Entweder der nötige Bit des Akkuschraubers ist durch Verschleiß beschädigt, die Schraube leiert beim Eindrehen aus oder das Werkzeug rutscht aus der Schraube und beschädigt das Objekt. Daher ohne Werbegedanken: die Torx-Schraube ist meine erste Wahl.

RATTAN

Rattan ist mein aktuelles Lieblingsprodukt, oder das Wiener Geflecht, aber das gibt es leider nicht in jedem Baumarkt. Rattan lässt sich gut mit der Schere schneiden und mit Tacker, doppelseitigem Klebeband oder gar mit der Nähmaschine zusammenfügen.

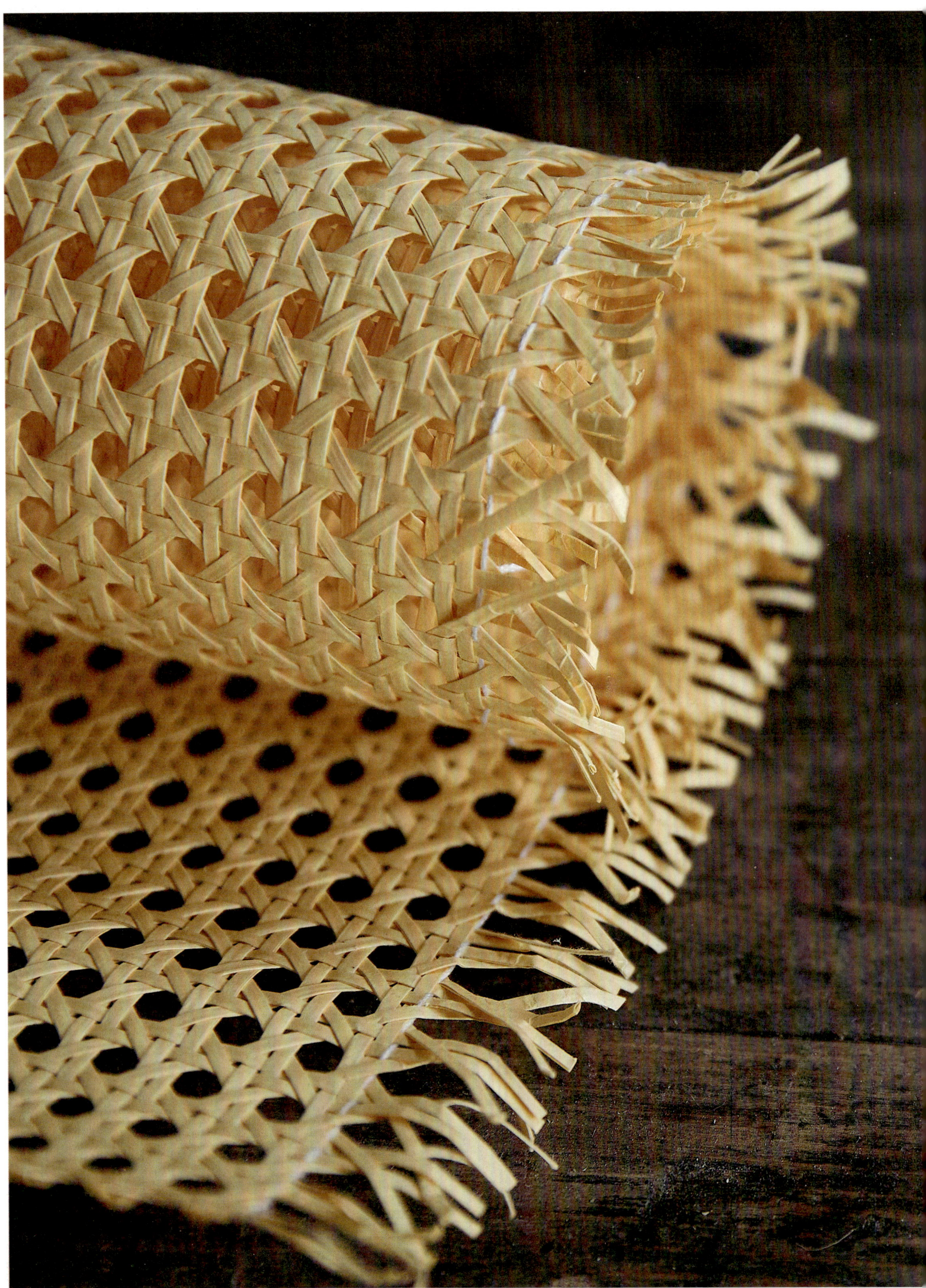

WOHNDEKO

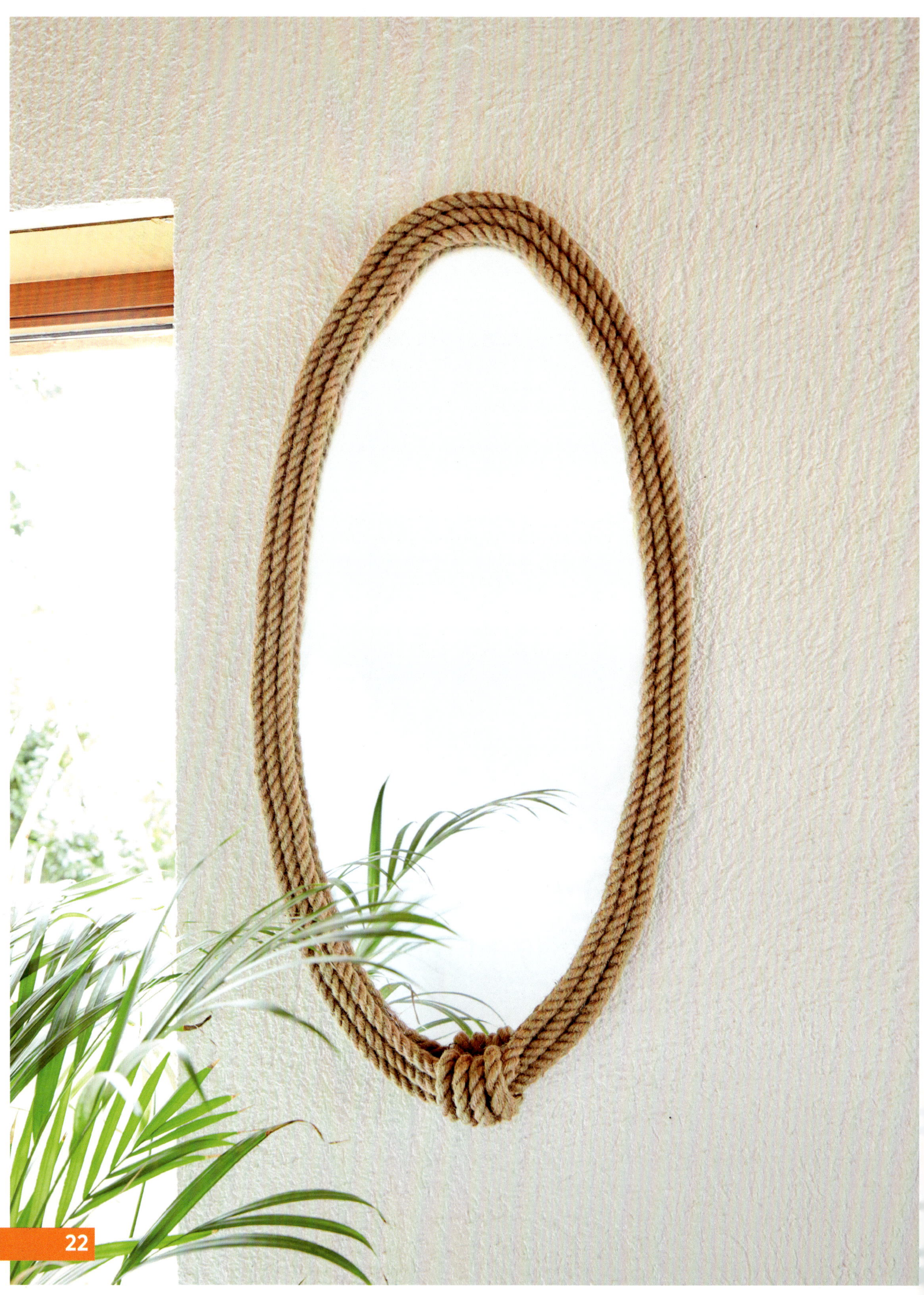

SEILSPIEGEL
IM MARITIMEN LOOK

MATERIAL

- Spiegel, oval, Höhe 70 cm
- Hanfseil, ø 10 mm, 10 m lang
- Heißklebepistole
- 5 Stangen Heißklebestifte
- Cutter
- Brennspiritus
- Küchentücher
- Papier

1 Spiegel auf eine glatte Fläche legen. Die Wandaufhängung an der Rückseite beachten und entsprechend hinlegen.

2 Glasfläche mit Brennspiritus abwischen.

3 Seil auf dem Boden lang auslegen, sodass dieses nicht verdreht ist.

4 Die vier kleinen Wicklungen einmal um die Hand wickeln und am oberen oder unteren Ende je nach Wunsch platzieren. Den letzten Bogen zum langen Seil hin festkleben.

5 Das lange Seil durch den Bogen und parallel zum Außenrand legen. Liegt die erste Umrundung, diese mit Heißkleber festkleben.

6 Nun durch die kleinen Bögen das Seil legen und weiter parallel zum äußeren Seil an der Innenseite die nächste Umrundung legen. Weiter verfahren bis zum Abschluss mit der dritten Umrundung.

7 Die kleinen Bögen festkleben. Das Seilende eventuell mit dem Cutter kürzen und dann zwischen den kleinen Bögen platzieren und festkleben.

TIPP:
Mit etwas Acrylfarbe in Weiß leicht unregelmäßig über das Seil streichen, dadurch bekommt es einen maritimen Touch.

STYLISHE WANDDEKO AUS KISTEN UND LAMPEN

MATERIAL

- 2-3 Weinkisten aus Holz
- schwarzer Marderkabelschutz, 8 m lang
- schwarzes Kabel, 10 m lang
- 9 Lüsteklemmen
- 10-12 Kabelschellen in Schwarz
- 5 Gitter-Keller-Lampen
- 5 Glühbirnen
- Ca. 30 Schrauben, 3 cm lang
- 10 Schrauben, 5 cm lang
- Tacker
- 20 5er-Dübel
- Bohrer, ø 5 mm, Mauerwerk
- Elektroschraubenzieher
- Kabelisolierzange
- Kabelzange
- Akkuschrauber
- Kreppwand
- Japansäge oder Stichsäge
- Schleifpapier, 180er Körnung
- Doppelseitiges Klebeband

Falls es keinen Strom an der Wand gibt, sollte noch ein Schalter und Netzstecker montiert werden.

1 Kisten nach Wunsch in der Tiefe kürzen, sodass nur eine Lattenlage als Regaltiefe erhalten bleibt. Die Sägekanten abschleifen und auch die Kiste an sich etwas feiner schleifen für eine schönere Oberfläche.

2 Die Umrisse der Regalkisten mit dem Kreppband an die Wand kleben.

3 Die Dübellöcher bohren mit je zwei pro Kiste und danach die Dübel in das Bohrloch einführen.

4 Mit einem Bleistift die Kabelführung aufzeichnen.

5 Untergehäuse der Lampen an die Wand montieren. Die Befestigung ist mit zwei Dübeln und zwei kurzen Schrauben je Lampe angedacht.

6 Den Marderkabelschutz an die geraden Kabelabschnitte anpassen. Hier sollte beachtet werden, dass immer 10 cm kürzer angesetzt werden, damit das schwarze Kabel später an den Kurven/Ecken sichtbar ist. Und die Lampen müssen auch berücksichtigt werden bzw. die Aussparungen hierzu.

TIPP:

Anstatt naturbelassene Kisten passen auch sehr gut weißgestrichene Kisten.

7 Kabelschlauch mit dem Tacker an die Wand tackern, dabei den Schlauch gut spannen, sodass dieser später nicht durchhängt.

8 Kabel mit den Lampen verbinden und immer durch den Schlauch durchführen.

9 Kabelschellen zur Zierde über dem Mantel befestigen, mit Dübel und Schrauben oder auch mit doppelseitigem Klebeband.

10 Glühbirnen eindrehen und Lampenabdeckung montieren.

11 Als letztes die „Lampe“ an das Stromkabel anschließen. Falls keines vorhanden ist, muss noch etwas Kabel mit Schalter und Netzstecker entsprechend montiert werden.

12 Regalkisten an der Wand festschrauben. Hier kann auch ein abgesägter Kistenrand als Regal dienen und die Wand bzw. Rückwand wird mit einem bunten DIN A 4 Papier farblich hervorgehoben.

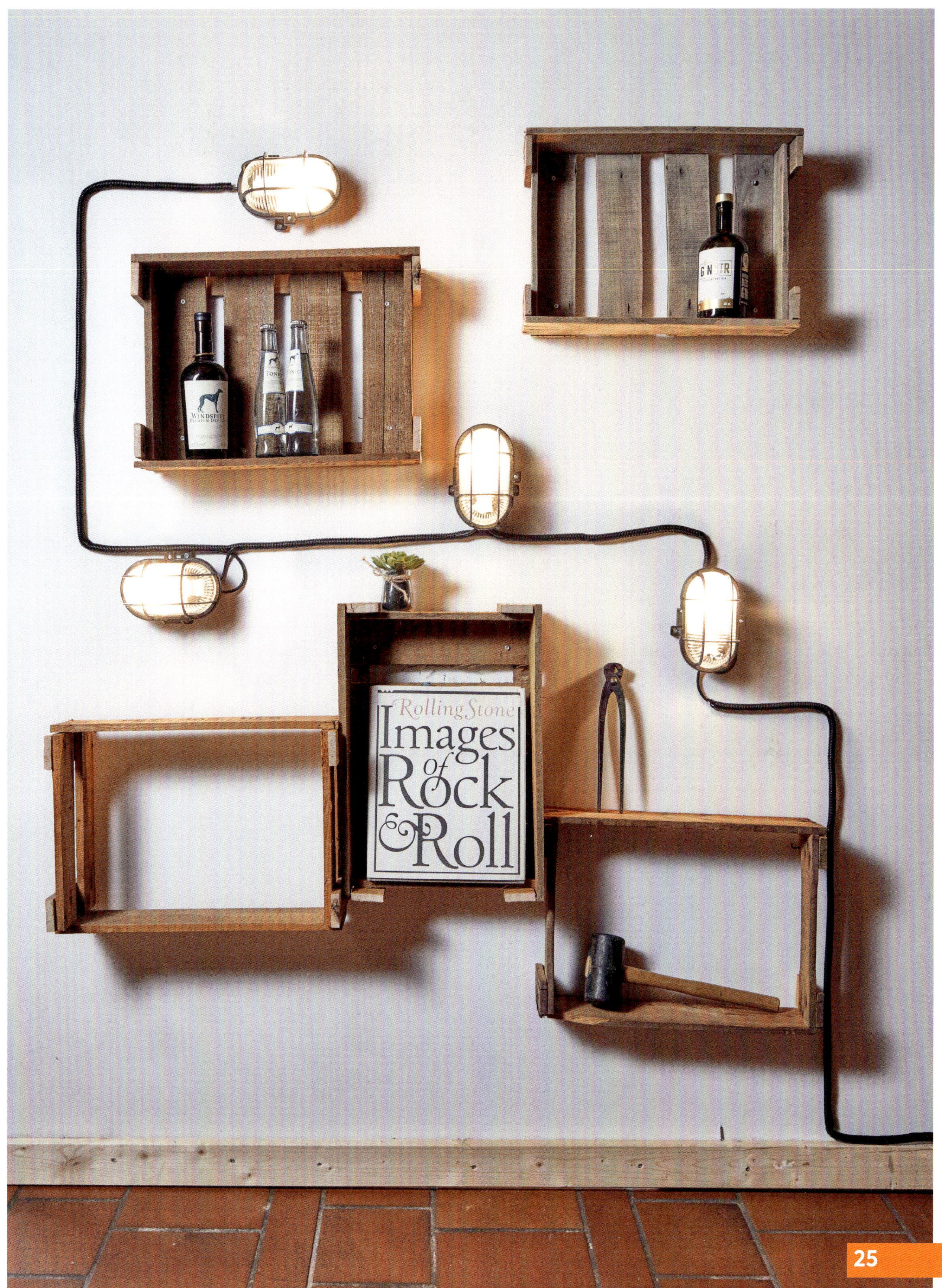
Rolling Stone
Images
of
Rock
&Roll

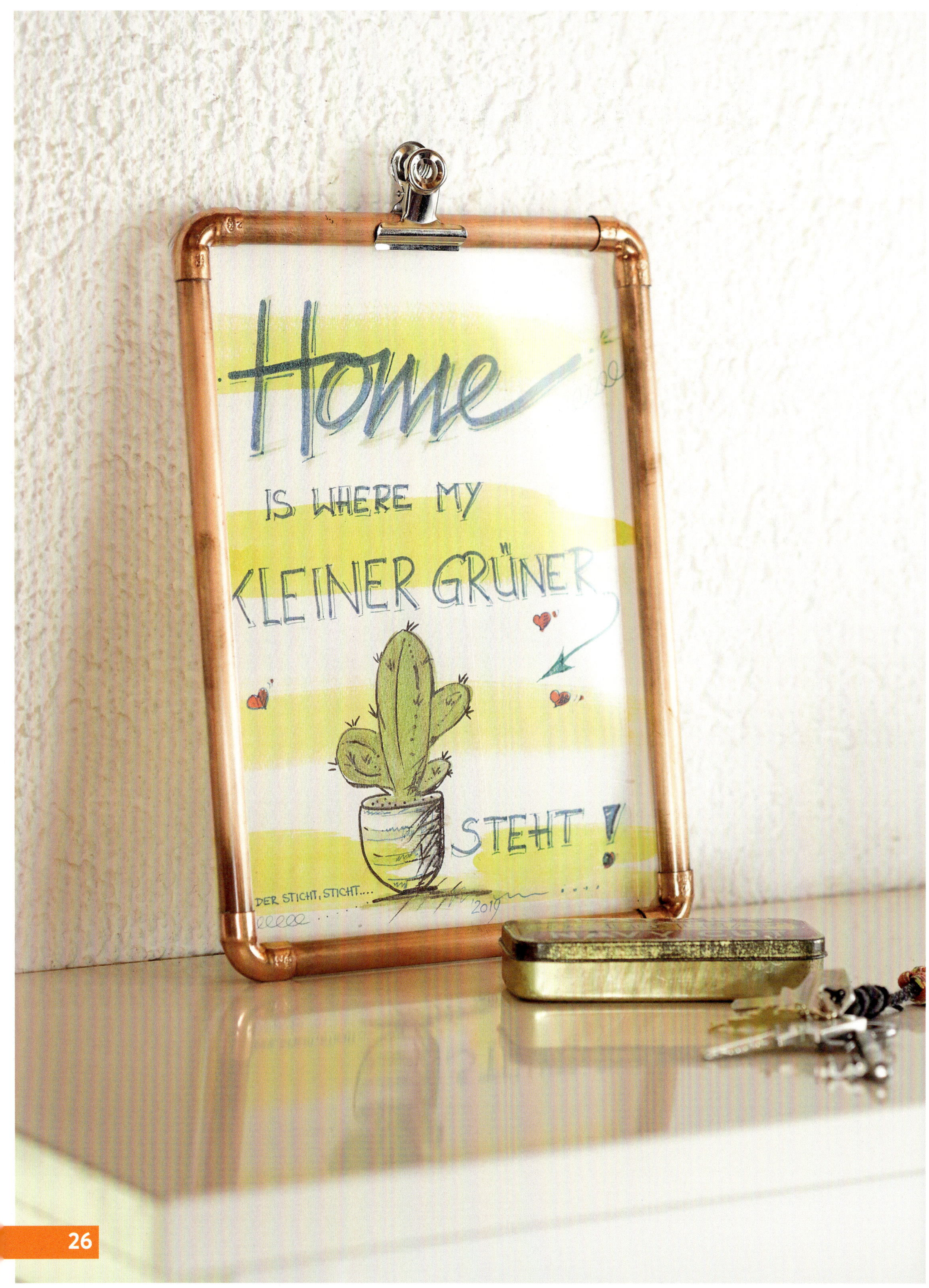
Home
IS WHERE MY
KLEINER GRÜNER
STEHT!
DER STICHT, STICHT....
2019

BILDERRAHMEN AUS KUPFER

MATERIAL

- Kupferrohr, ø 12 mm, 80 cm lang
- 4 Kupferwinkel, 90 °, 12 mm lang
- Plexiglas, 19,2 cm x 25,5 cm, 1 mm stark
- 1 Bogen Aquarellpapier
- Wasservermalbare Graphik-Filzstifte, verschiedene Stärken in Grün, Rot, Türkis und Schwarz
- 1 Pinsel, 3 cm breit
- 1 Rundpinsel, Gr. 4
- Aquarellfarbe in Gelb
- Rohrabschneider
- Dokumentenklammer, 3,5 cm breit
- Doppelseitiges Klebeband

TIPP:

Das Kupfer wird sich mit der Zeit verfärben bzw. oxidieren. Sollte dies nicht gewünscht sein, vorher mit Essig abreiben und die Rohre mit Klarlack einsprühen.

1 Vier dicke Farbstreifen auf das Aquarellpapier malen. Nach dem Trocknen die Vorlage auf das Aquarellpapier übertragen und entsprechend ausmalen.

2 Licht und Schatten setzen, indem die Farbe unter den Buchstaben angefeuchtet bzw. verwischt wird.

3 Kupferrohr auf die Längen 2x 17 cm und 2x 23 cm abtrennen.

4 Die Rohre in die Bögen stecken.

5 Plastikscheibe an den Ecken mit je einem Stück Klebeband befestigen.

6 Dies ebenso wiederholen mit dem inzwischen getrockneten Bild.

7 Die Dokumentenklammer an die obere Seite klippen. Nun kann das Kunstwerk aufgehängt werden.

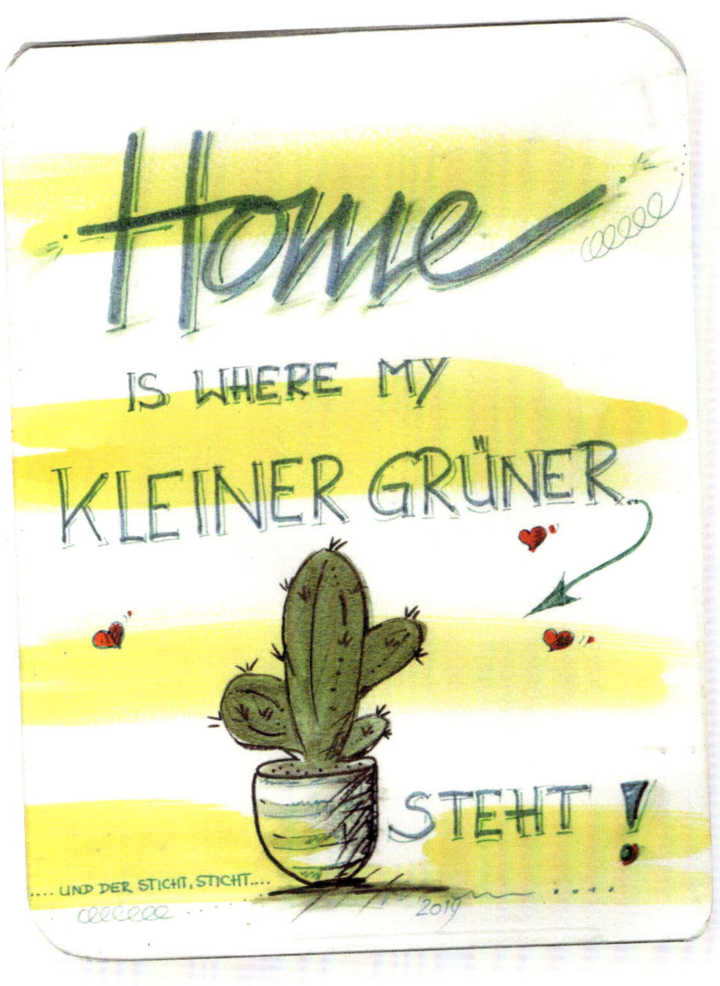

BLUMENSTÄNDER
MIT KUPFERSCHARNIEREN

MATERIAL

- 4 Buchenholzstäbe, ø 20 mm, 1 m lang
- 1 Buchenholzstab, ø 18 mm, 1 m lang
- 4 Kupfer-T-Stücke, 22/18/22
- Schleifpapier, 180er Körnung
- Japansäge oder Vergleichbares
- 5 Holzdübel, 6 mm lang
- Bohrer, ø 6 mm
- Holzleim oder Kleber
- Eventuell Gummihammer
- Vorteilhaft: Schraubstock, wenn vorhanden

TIPP:
Sollte etwas „Spiel" am Holzkreuz sein, dieses an den Zwischenräumen des T-Stücks mit Kleber auffüllen.

1 Die dickeren Stäbe je auf eine gleiche Länge absägen. In unserem Beispiel auf 57 cm.

2 Den dünnen Stab auf die Längen 2x 12 cm und 1x 28 cm absägen.

3 Den dünnen Stab an der Mitte einmal durchbohren sowie je an den Enden in der Sägefläche mittig ein 1,5 cm tiefes Loch bohren. In das mittige Bohrloch etwas Leim geben und den Dübel einführen.

4 An den Enden des längeren Stabes je mittig ein Bohrloch mit 1,5 cm Tiefe setzen. Die dünnen Stäbe ebenfalls auf beiden Seiten mittig anbohren und auf den mittleren Holzdübel stecken, damit ein Holzkreuz entsteht.

5 Die langen und dickeren Stäbe zum Test durch die Kupfer-T-Stücke an den breiteren Öffnungen durchschieben. Sollte dies gehen, diese so einführen, dass auf einer Seite 12 cm Stab herausragen. Sollte das Durchführen nicht funktionieren, dann im oberen Teil von ca. 16 cm den Stab und eventuell die anderen drei leicht abschleifen. Beim Durchführen bei Bedarf den Gummihammer verwenden.

6 Nun die T-Stücke mit der Öffnung der 18 mm nach oben schauend legen und ebenso mittig ein 1 cm tiefes Loch in den innenliegenden Holzstab bohren. Dies bei den restlichen Stäben wiederholen.

7 Die Bohrlöcher je mit etwas Holzleim versehen, die Dübel einführen und die Stäbe entsprechend aufsetzen.

8 Das Ganze hinstellen und ausrichten. Danach den Leim austrocknen lassen.

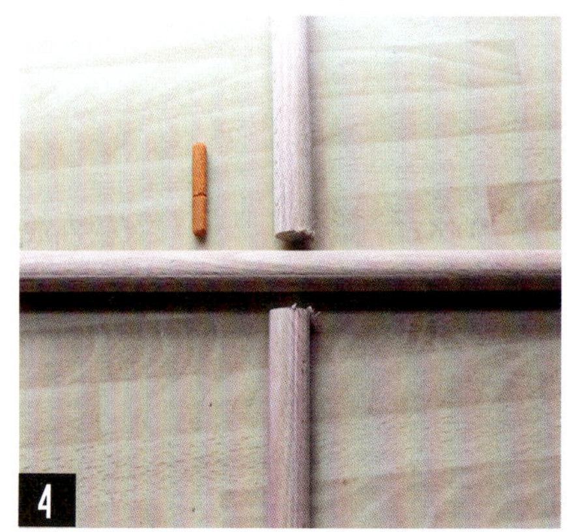
4

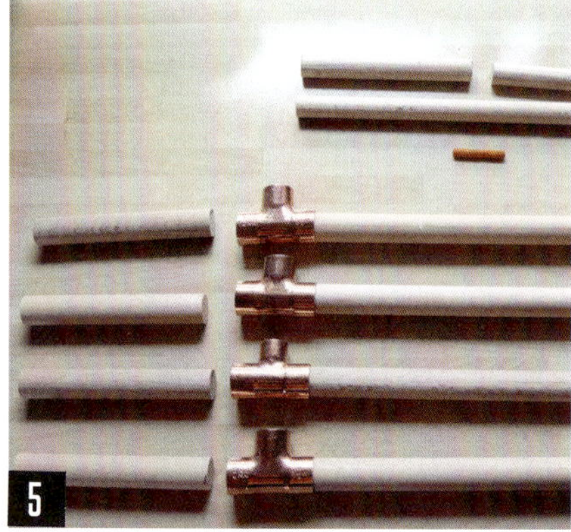
5

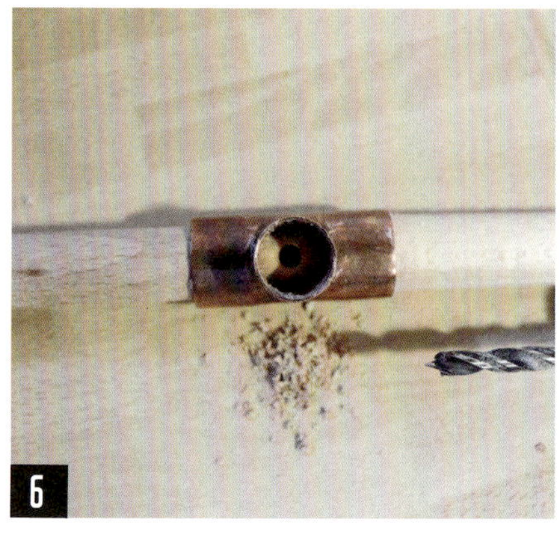
6

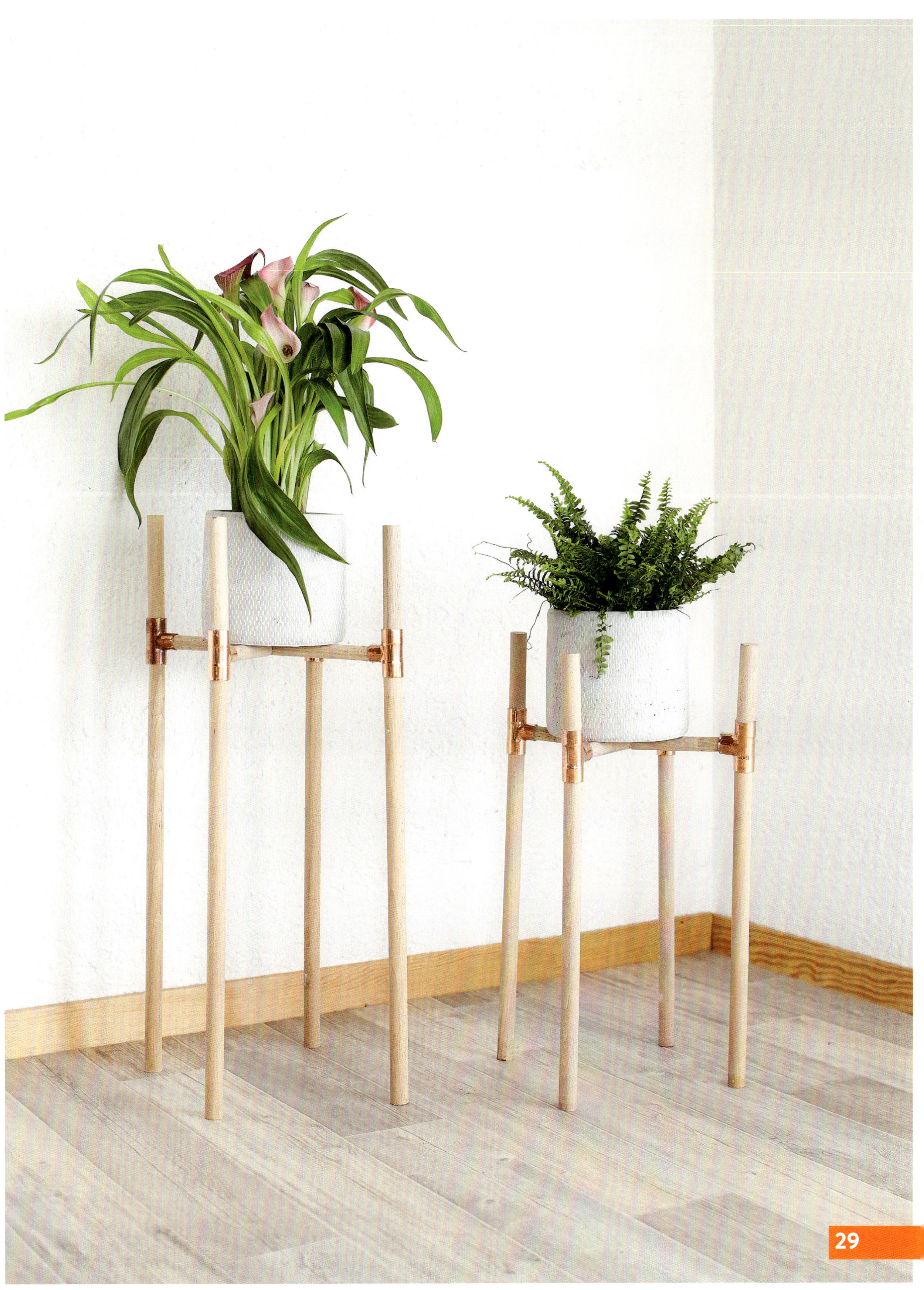

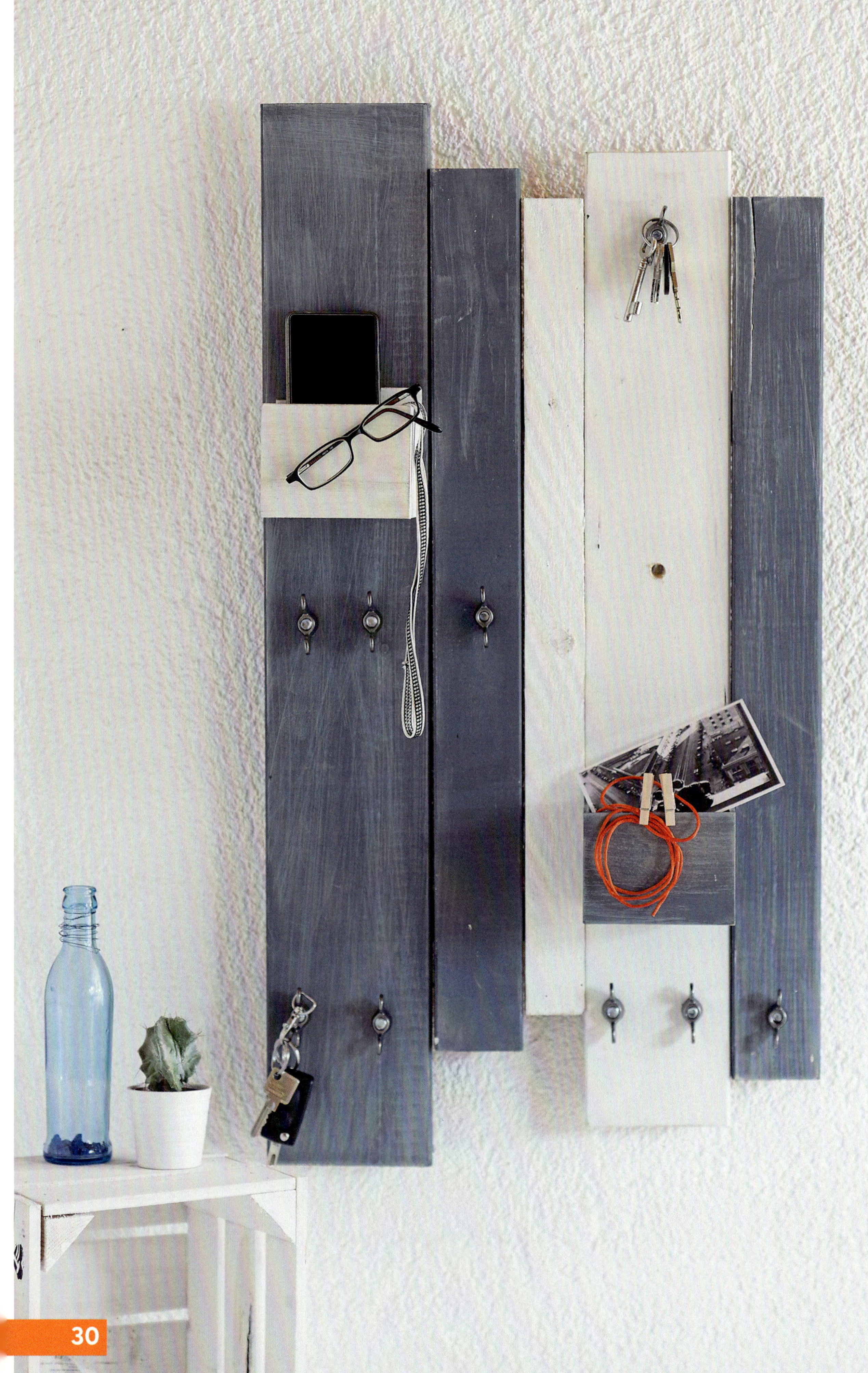

SCHLÜSSELBORD
IN GRAU-WEISS

MATERIAL

- Brett, 12 cm x 2 cm x 85 cm, Kiefer gefast
- Brett, 12 cm x 2 cm x 75 cm, Kiefer gefast
- Brett, 8 cm x 2 cm x 75 cm, Kiefer gefast
- 2 Bretter, 8 cm x 2,5 cm x 75 cm, Kiefer gefast
- Latte, 5 cm x 2 cm x 65 cm, Kiefer ungehobelt
- 2 Latten, 4,5 cm x 3 cmx 40 cm, Kiefer gefast
- 14 Torx-Schrauben, 4 cm lang
- 4 Torx- Schrauben, 2 cm lang
- 2 Pappelholzboxen, eine Seite offen, oder alte Zigarrenboxen
- 10 M8 Schrauben, 5 cm lang
- 10 M8 Flügelmuttern
- Pinsel, 3 cm breit
- Acrylfarbe in Weiß und Mittelgrau
- Schleifpapier, 180er Körnung
- Bohrer, 8 mm
- Ringschlüssel oder Gabelschlüssel

1 Holzbretter und Boxen wie im Foto anstreichen.

2 Nach der Trocknung an manchen Stellen leicht anschleifen, um einen Used-Look zu erreichen. Boxen eventuell nochmals glattschleifen und erneut einfärben.

3 Ganz leicht mit den Pinselhaarspitzen in die weiße Farbe tunken und leicht in der Bürstentechnik über 1-2 graue Bretter streichen.

4 Nach der Trocknung falls gewünscht die Rückseite streichen.

5 Die Bretter auf die Sichtseite legen und versetzt anordnen. Die zwei gefasten Latten im Abstand von 15 cm von je oben und unten über die gesamten Bretter legen.

6 Die Latten mit den langen Schrauben mit den Brettern zusammenschrauben.

7 Die Grundplatte wenden. Die Schubladen platzieren und mit je der zwei kurzen Schrauben festschrauben.

8 Die Flügelschrauben platzieren und darauf achten, dass die Latten auf der Rückseite nicht auf deren Höhe sind. Mit einem Stift durch das Loch auf dem Holz markieren.

9 Löcher bohren. Eventuell mit Schleifpapier entgraten.

10 Schrauben von der Rückseite durchführen und mit der Flügelschraube festschrauben. Eventuell das entsprechende Werkzeug dazu verwenden. Die Flügelschrauben auf Wunsch horizontal oder vertikal ausrichten.

11 Wandmontage entsprechend der Montagewand.

TIPP:

Bürstentechnik ist eine Technik, mit der die feinen Pinselhaare nur wenig Farbe tragen und somit feine Striche auf dem Untergrund hinterlassen. Die Farbe soll nicht deckend aufgestrichen werden.

WANDUHR AUS SEILEN

MATERIAL

- 30 m Tau, ø 14 mm
- Plastiktopfuntersetzer, flach und rund, ø 66 cm
- Heißkleber
- 1 Uhrwerk mit Batteriebetrieb
- Ziffern
- Bohrer, 8er (Durchmesser des gekauften Uhrwerks)
- Brennspiritus
- Papierküchentuch

1 Das Seil großzügig auslegen und schauen, dass es keine Drehungen oder Knicke gibt.

2 Topfuntersetzer mit Brennspiritus komplett abwischen und so hinlegen, dass die Unterseite nach oben zeigt.

3 In der Mitte des Untersetzers ein Loch bohren, welches dem Zeigerwerk entspricht, sodass dieses ungehindert funktionieren kann.

4 Heißkleber von der Mitte her immer in kurzen Abschnitten auftragen und das Seil aufkleben. Am Anfang sollte beachtet werden, dass in der Mitte 1 cm frei bleibt, um Platz für das Uhrwerk bzw. den Zeiger zu lassen.

5 Seil bis zur gesamten Abdeckung des Untersetzers aufkleben und je nach Wunsch noch den Rand miteinbeziehen.

6 Uhrwerk nach Herstellerangaben montieren.

7 Die Zeiger auflegen und ausrichten.

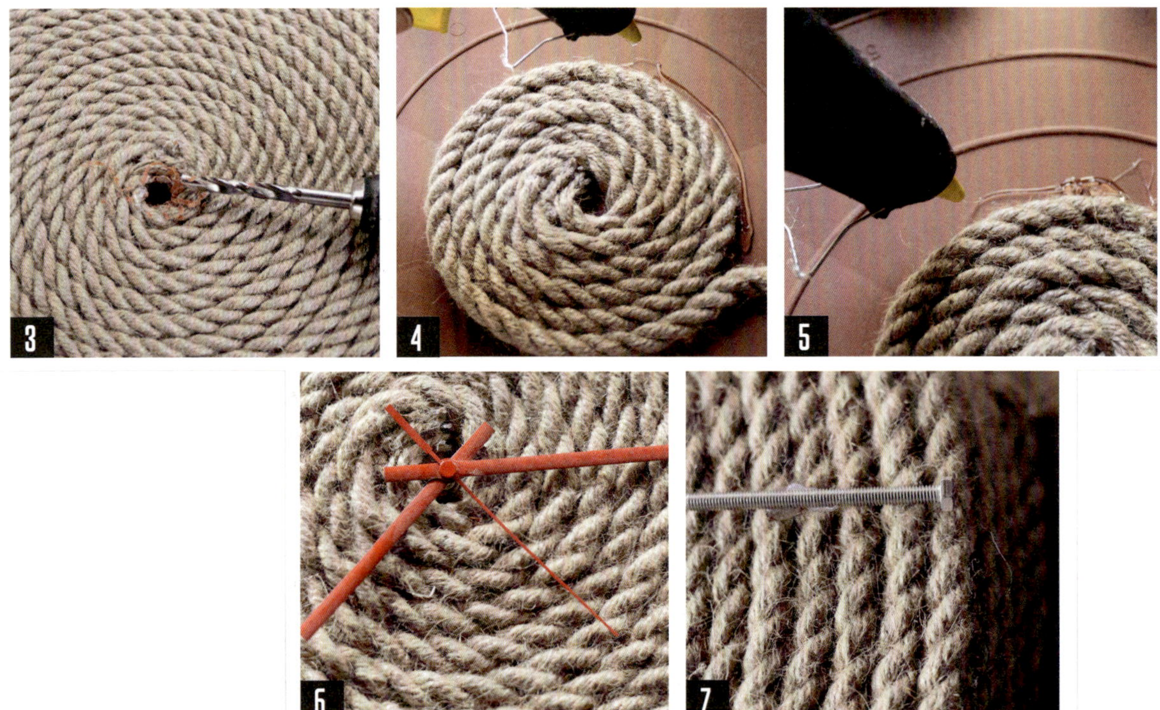

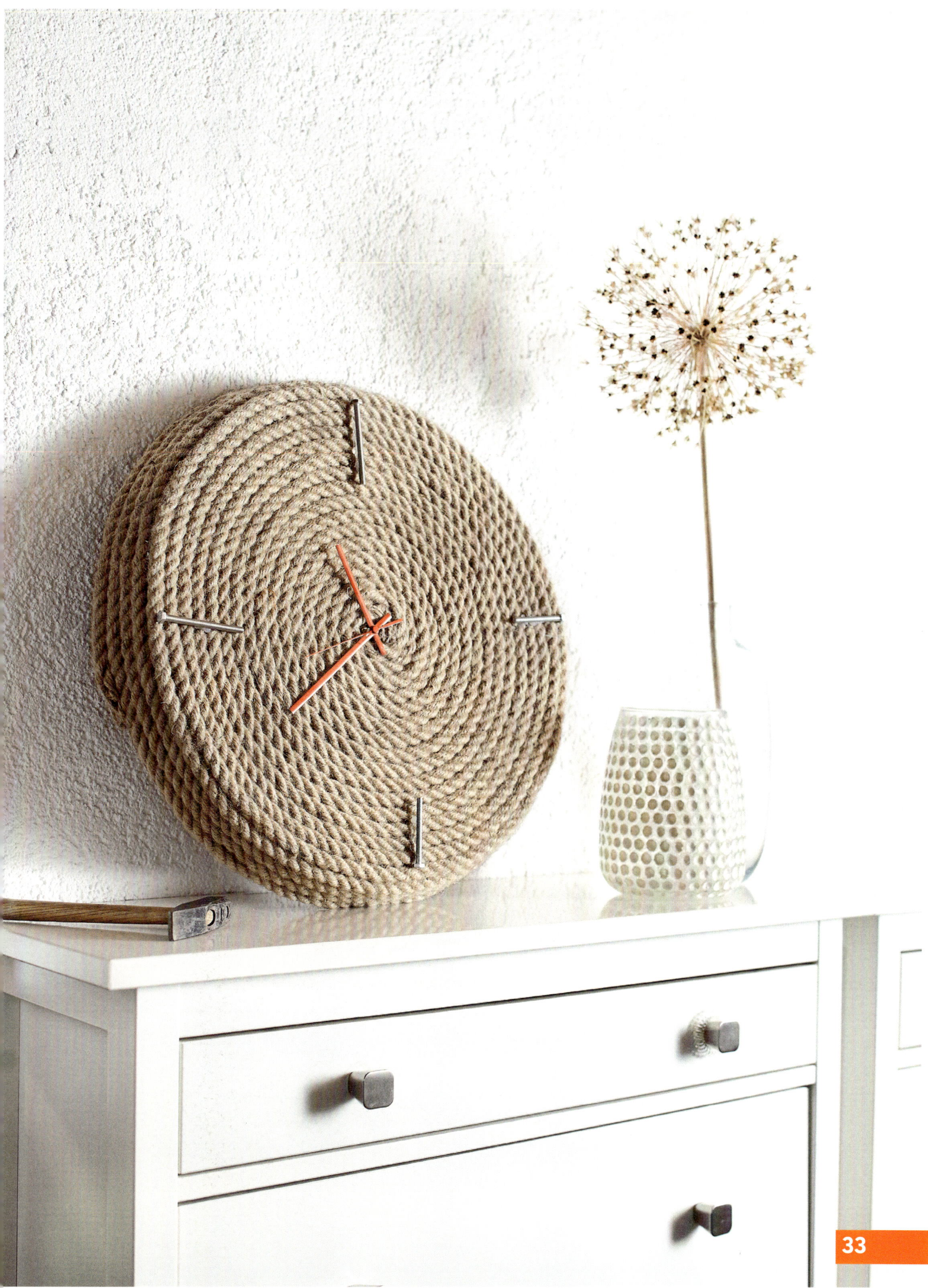

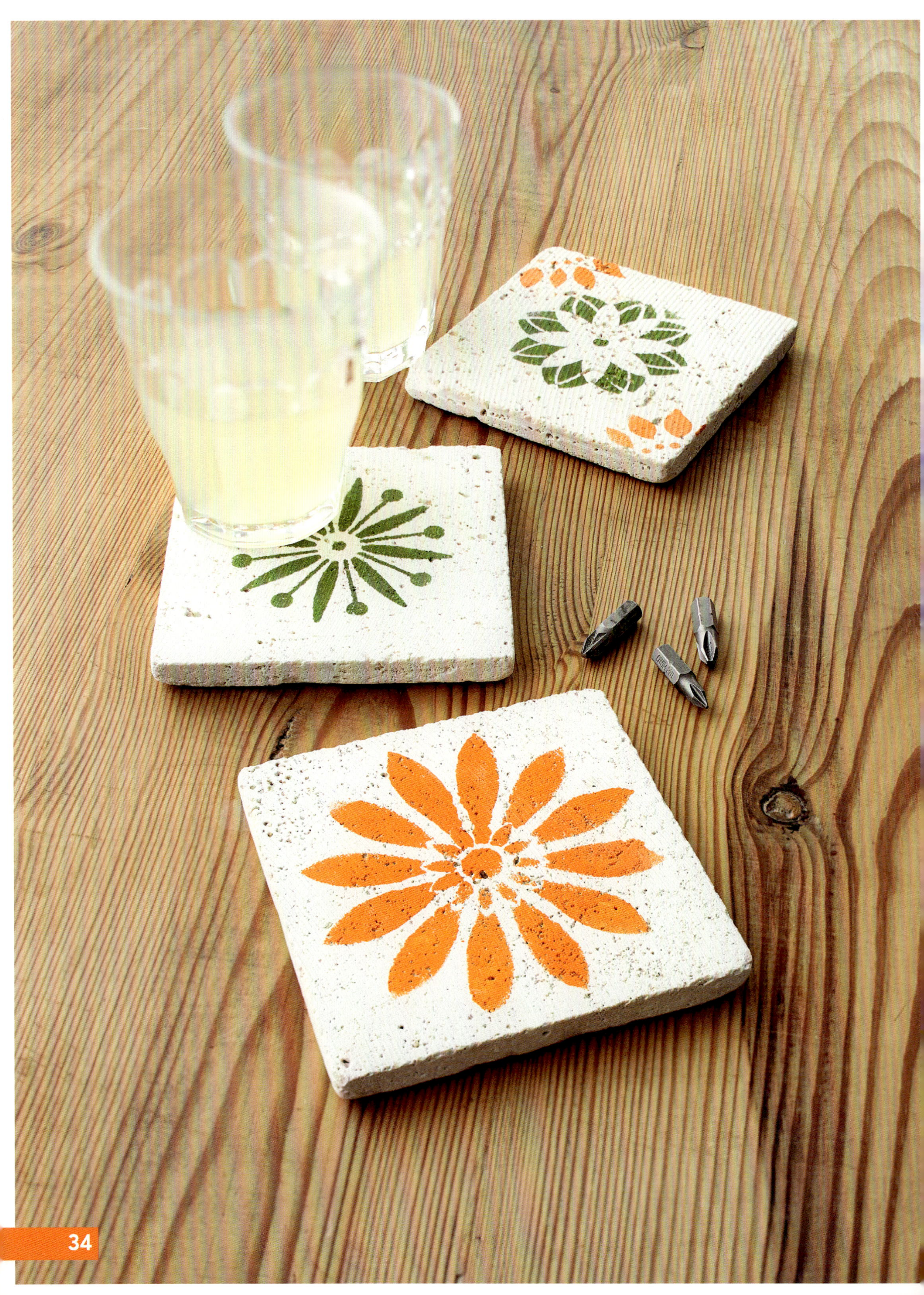

UNTERSETZER
AUS FLIESEN

MATERIAL

- Natursteinfliesen, ca. 10 cm x 10 cm
- Acrylfarbe, verschieden, z.B. in Apfelgrün, Orange, Hellblau und Mittelgrün
- Schablonen
- Schablonen-Haftspray
- feines Schwämmchen oder Stupfpinsel
- Je Fliese 4 kleine Filzklebepunkte, selbstklebend
- Pappteller

1 Fliesen mit feuchtem Tuch entstauben.

2 Schablone mit Haftspray nach Herstellerangaben besprühen und ausdünsten lassen.

3 Acrylfarbe auf einen Pappteller geben. Mit dem Schwamm hineintupfen und darauf achten, dass nur dünn Farbe auf dem Schwamm ist.

4 Schablone auf die Fliese auflegen und festdrücken.

5 Mit dem eingefärbten Schwamm Farbe auf die Schablone tupfen. Schablone im feuchten Zustand wieder abziehen.

6 Das Ganze trocknen lassen und auf der Rückseite in jeder Ecke einen Filzklebepunkt platzieren.

TIPP:

Anstatt Haftspray kann auch einfach Kreppband zur Fixierung helfen.

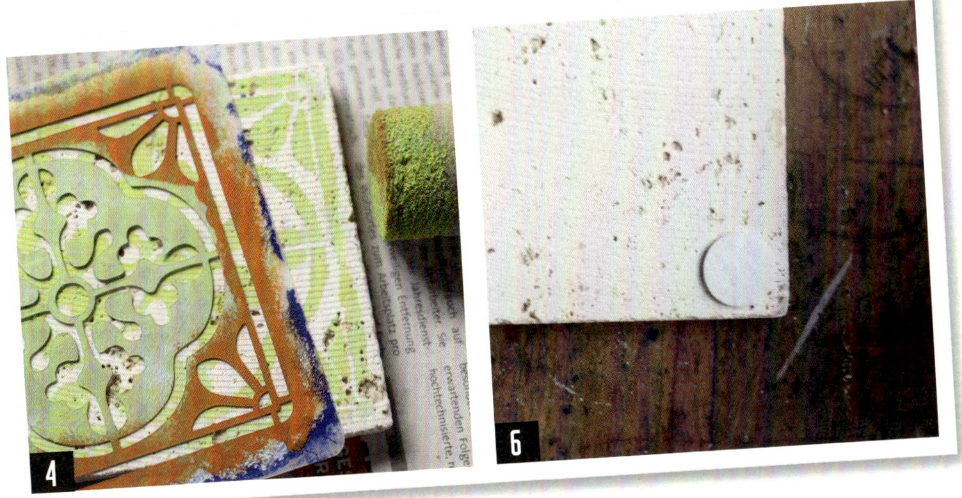

KRÄUTERREGAL IN GRAU

MATERIAL

- 4 Nägel, 2 cm lang
- 4 Lattenteile, gehobelt/gefast, 2,4 cm x 4,4 cm x 35 cm
- 4 Lattenteile, gehobelt/gefast, 2,4 cm x 4,4 cm x 31 cm
- 4 Vierkanthölzer, 1,4 cm x 1,4 cm x 35 cm
- 4 Vierkanthölzer, 1,4 cm x 1,4 cm x 10 cm
- 6 Ösen, 2,8 cm x 1,6 cm
- 2 Hanfseile, ca. 80 cm lang
- Acrylfarbe in Mittelgrau
- Pinsel
- Holzleim
- 6 Tontöpfe, ø 10 m
- Verschiedene Kräuter, insg. 6 Pflanzen
- Schleifpapier, 120er Körnung
- Holzleim, nicht wasserlöslich
- Feuchtes Tuch
- Schraubzwingen, mind. 35 cm lang
- Holzbohrer, 2 mm
- Hammer

1 Die Sägekanten mit Schleifpapier glätten und die zwei Außenrahmen flach auf einer Arbeitsfläche zusammenlegen.

2 Die Sägestellen mit Holzleim versehen. Die entsprechenden Holzkanten aufeinanderdrücken und mit Schraubzwingen mindestens vier Stunden zusammendrücken. Überflüssigen Leim mit einem feuchten Tuch abwischen.

3 Die kurzen Vierkanthölzer mittig durchbohren, damit die Nägel im Anschluss das Holz nicht zum Spalten bringen. Denselben Vorgang mit den kleinen Holzrahmen wiederholen.

4 Den kleinen Rahmen in den Außenrahmen stecken und testen, ob dieser auch passgenau ist. Die geklebten bzw. getrockneten Rahmen auf Schaschlikspieße/Holzreste legen und mit Farbe 1–2 Mal streichen.

5 Die kleinen Holzrahmen in den großen Rahmen einpassen und von der Innenseite her festnageln.

6 Mit dem Bohrer an den Ober- und Unterkanten jeweils mit 1,5 cm, Abstand von außen 1 cm tiefe Löcher bohren.

7 Die Ösen mit der Hand oder mit einer Zange eindrehen. Seil entsprechend durchfädeln und an den Enden verknoten.

8 Viel Spaß beim Eintopfen der Kräuter. Hier sollte bedacht werden, dass das Tontopfloch noch mit einer Scherbe abgedeckt wird, damit beim Gießen kein Wasser ausläuft.

TIPP:

Wer das Ganze noch professioneller machen möchte, kann die Holzteile des Außenrahmens mit Holzdübeln verbinden und leimen.

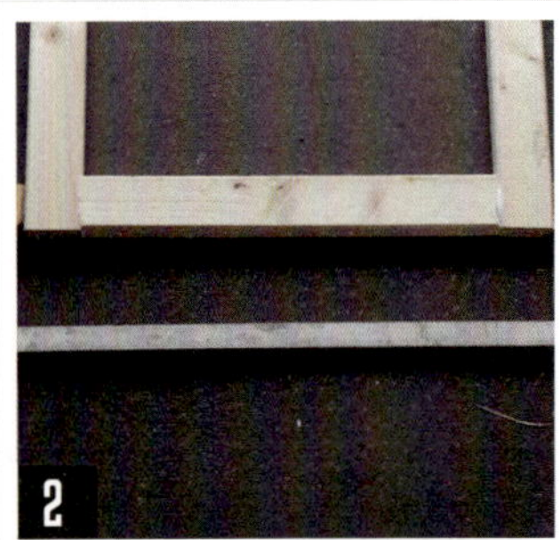
2

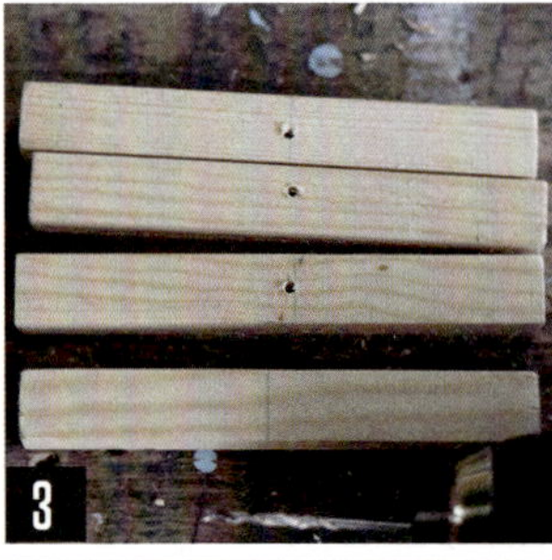
3

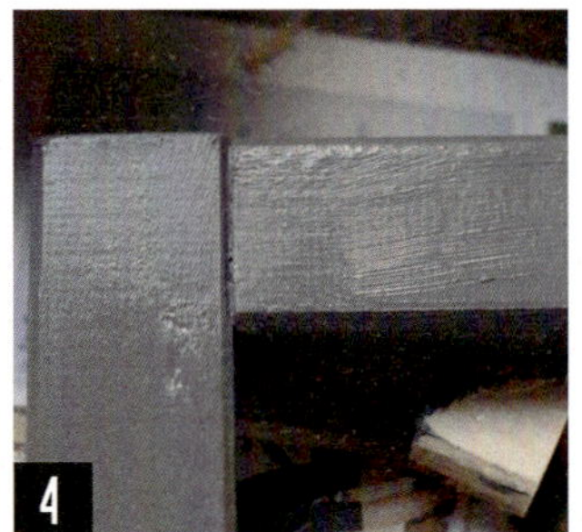
4

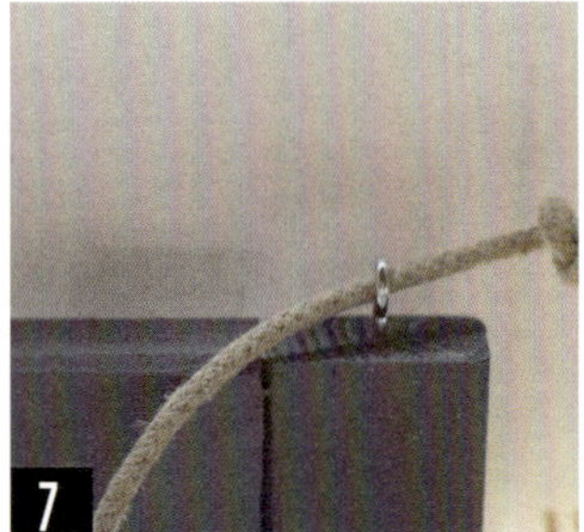
7

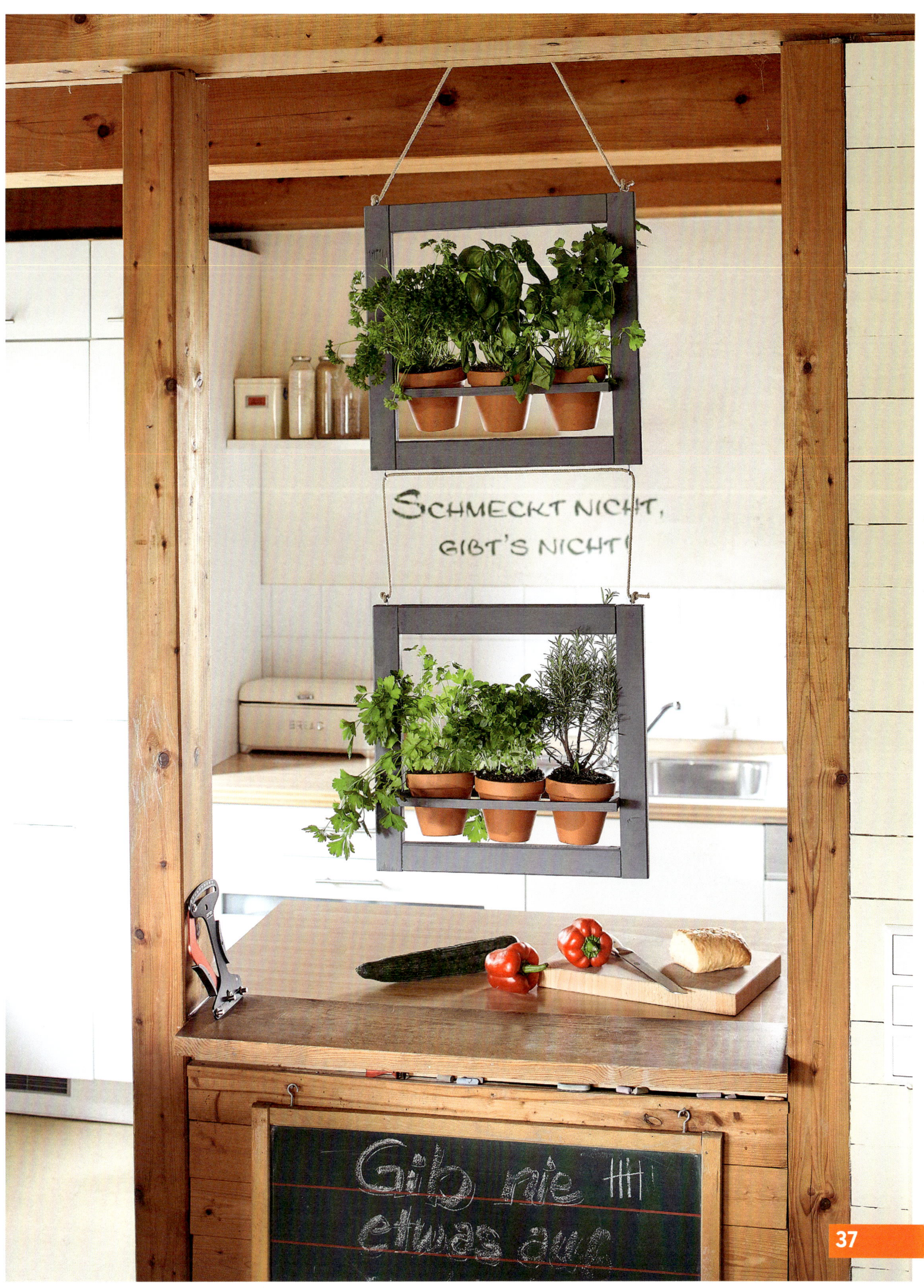
SCHMECKT NICHT,
GIBT'S NICHT!
Gib nie
etwas auf

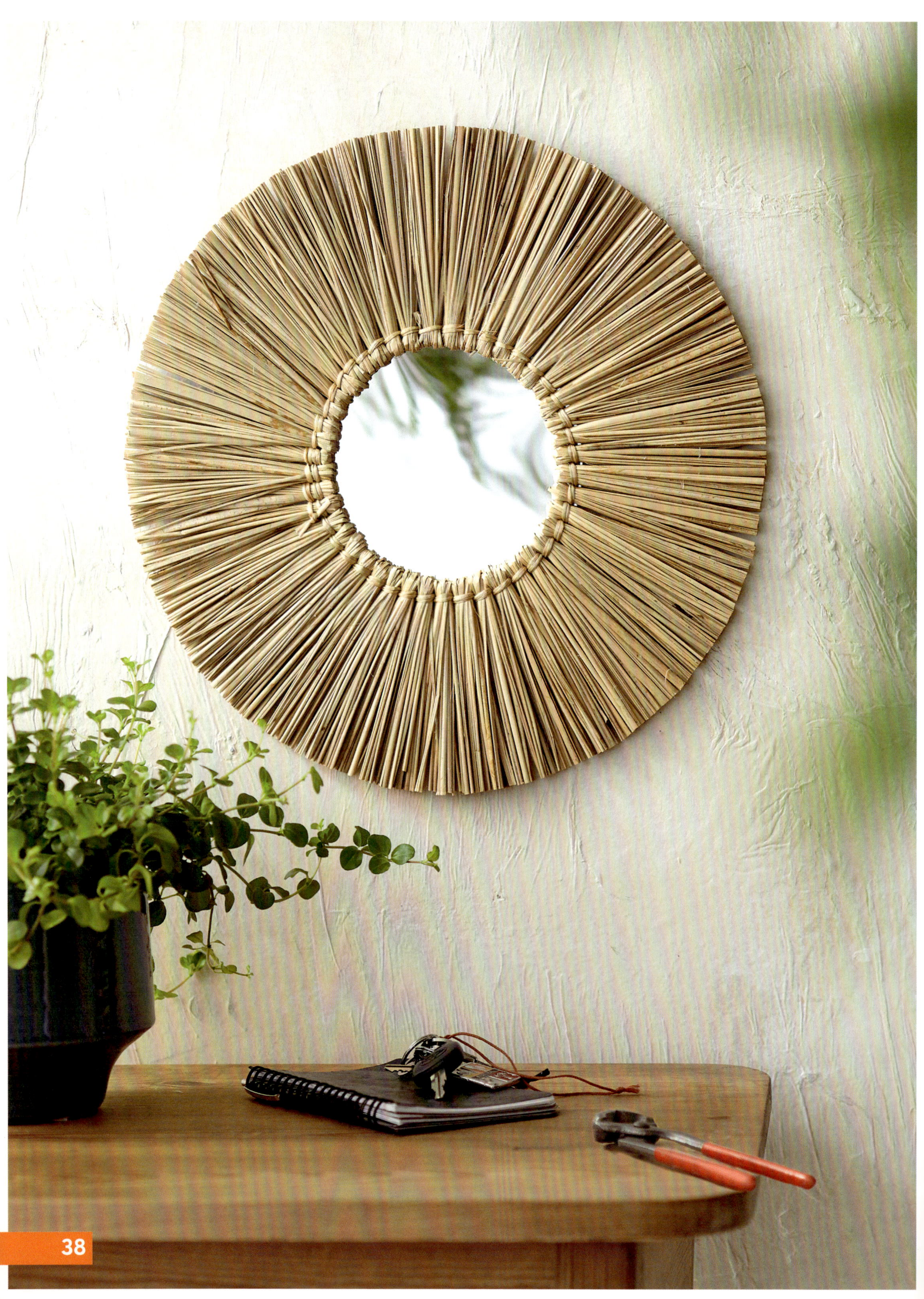

KLEINER SPIEGEL AUS BASTELSTROH

MATERIAL

- Pappspiegel bzw. Spiegelfolie auf Karton, 20 cm x 20 cm
- Heißklebepistole und Klebesticks
- Bastelstrohhalme, 30 cm lang, oder alternativ 2 Knäuel Makramee
- Teller, ø 20 cm
- Schere
- Wurstschnur

1 Den Spiegelkarton auf die Spiegelfläche legen und den Teller darauflegen. Diesen mit einem Stift umfahren.

2 Den Kreis mit der Schere ausschneiden.

3 3 Strohhalme bündeln und mittig falten. Dieses „V“ nun auf die 80 cm lange Schnur legen.

4 Mit einem der Halme zweimal um das gefaltete Bündel wickeln und verknoten. Abstehende Halmenden abschneiden.

5 Diesen Vorgang solange wiederholen, bis die Schnur im Kreis gelegt den Spiegel am Außenrand komplett umringt. Bitte 1 cm Klebefläche beachten.

6 Den Strohhalmring auflegen und an den Enden zusammenknoten. Eventuell auf der Rückseite zwei Halme zusammenknoten, damit ein Aufhängehaken entsteht.

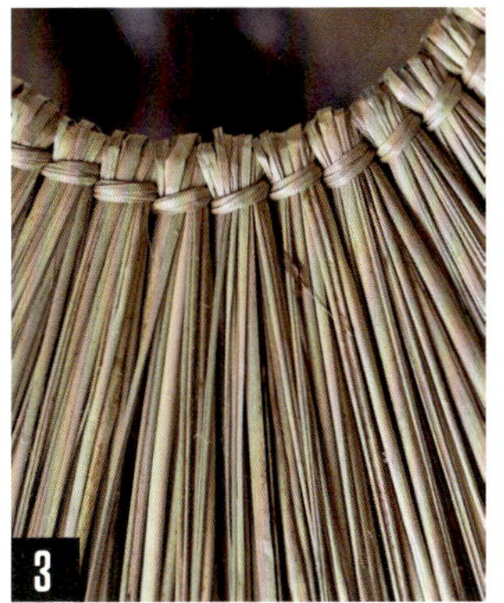
3

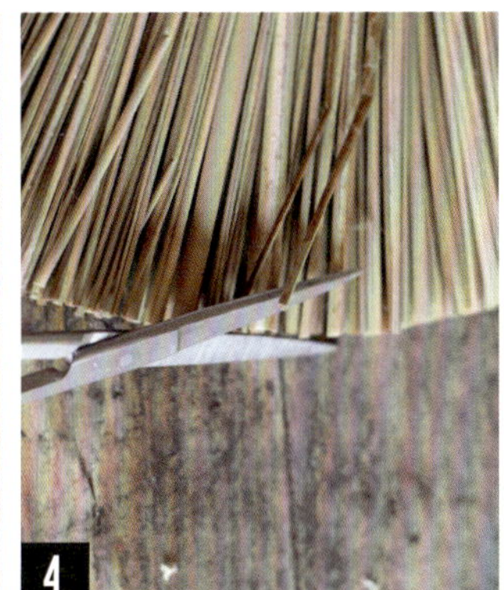
4

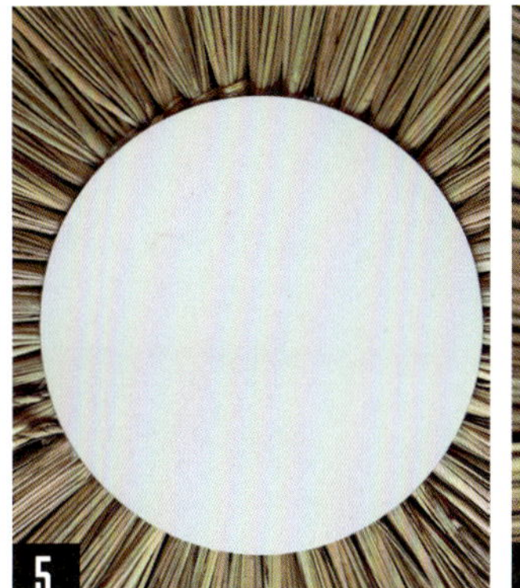
5

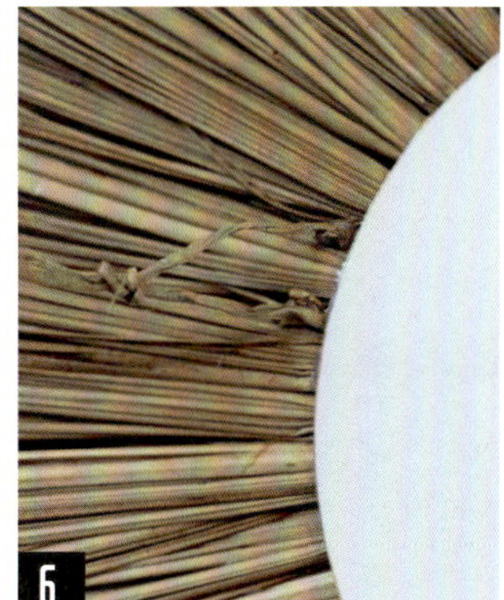
6

TABLETT AUS EPOXIDHARZ

MATERIAL

- Holztablett in Natur, ca. 30 cm x 50 cm
- Getrocknete Blätter oder Plastikblätter
- Epoxidharzgemisch, 1 Liter
- Altes Gefäß, mind. 1 Liter groß
- Alter Rührstab oder Löffel
- Eventuell Handschuhe
- Schere

TIPP:
In Weiß gestrichen ist das Tablett auch ein sehr schöner Eye Catcher.

1 Tablett mit feuchtem Tuch entstauben.

2 Die Blätter platzieren. Hier ist zu beachten, dass sich bei nicht vollständig getrockneten Blättern die grüne Farbe später in einen Braunfarbton ändert.

3 Das Harz mit dem Härter nach Herstelleranleitung mischen. Gut verrühren, bis keine Schlieren mehr zu sehen sind, da sich sonst Luftblasen bilden könnten.

4 Das Gemisch vorsichtig über die Blätter gießen.

5 Mit dem Löffel die Blätter an den Boden drücken.

6 Das Ganze aushärten lassen.

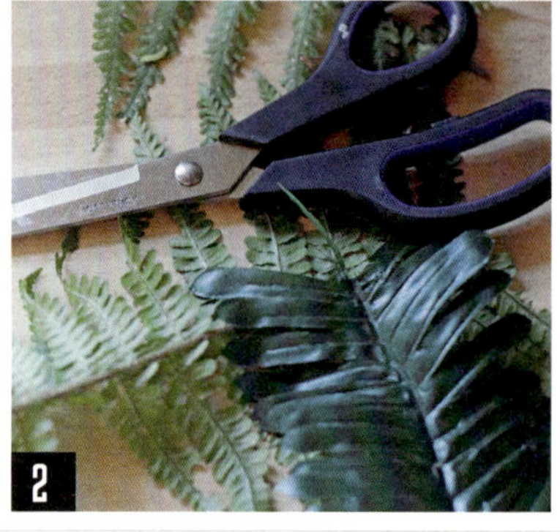
2

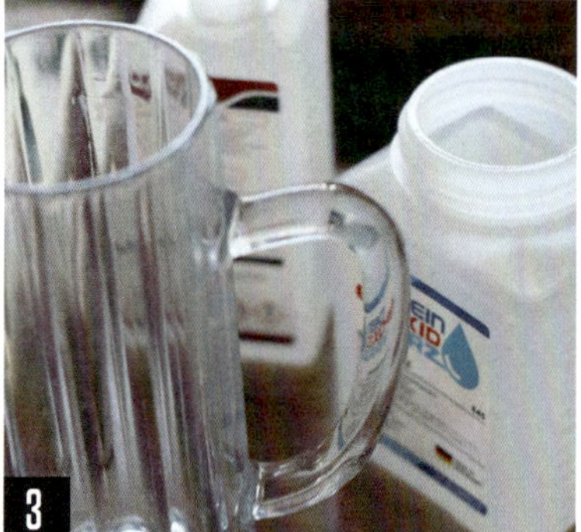
3

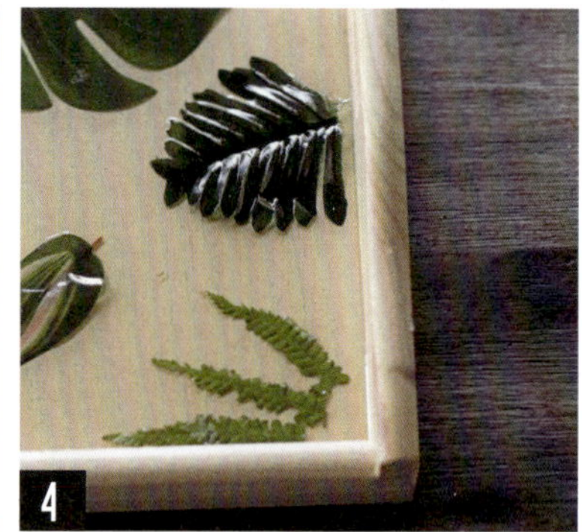
4

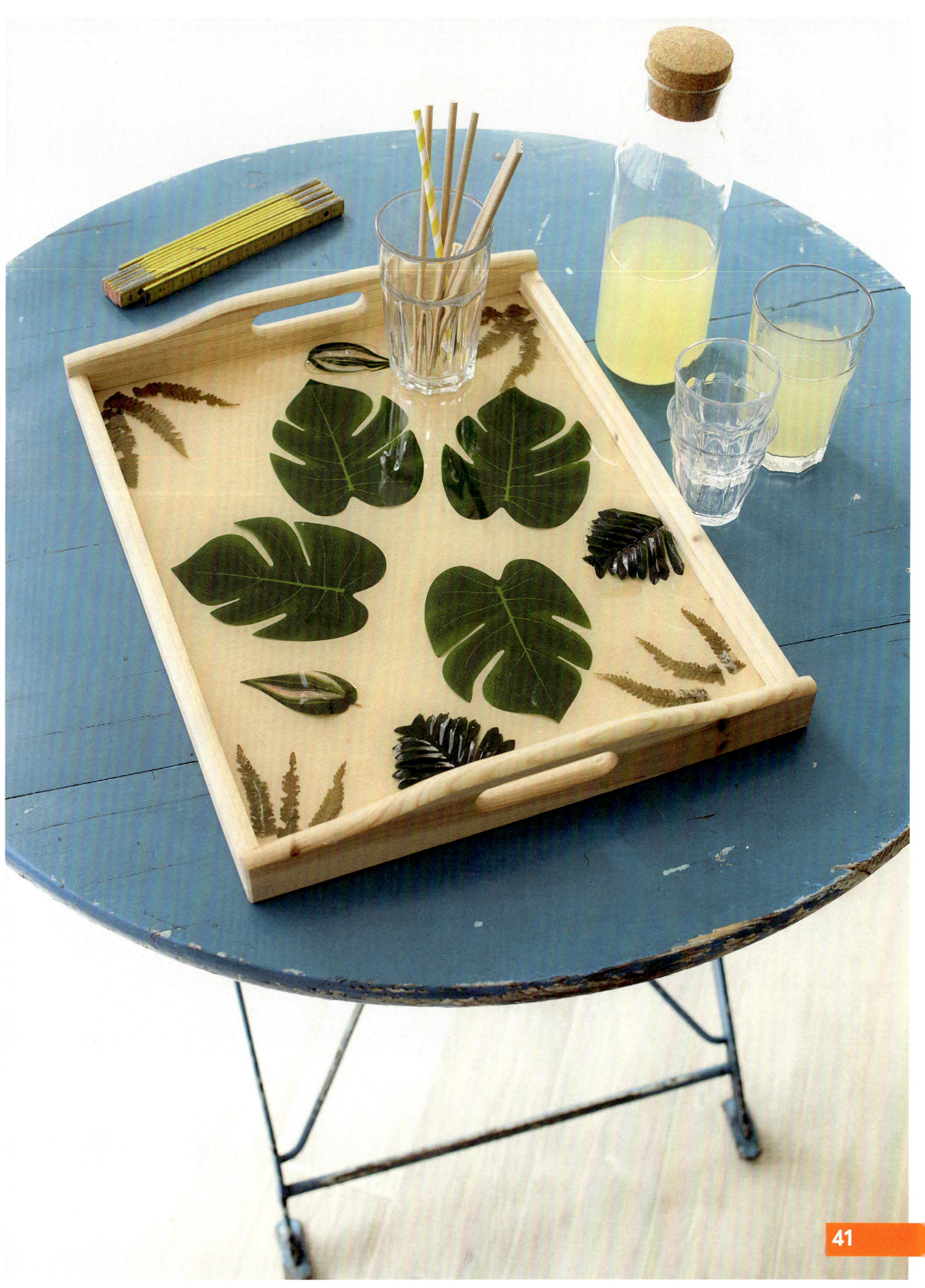

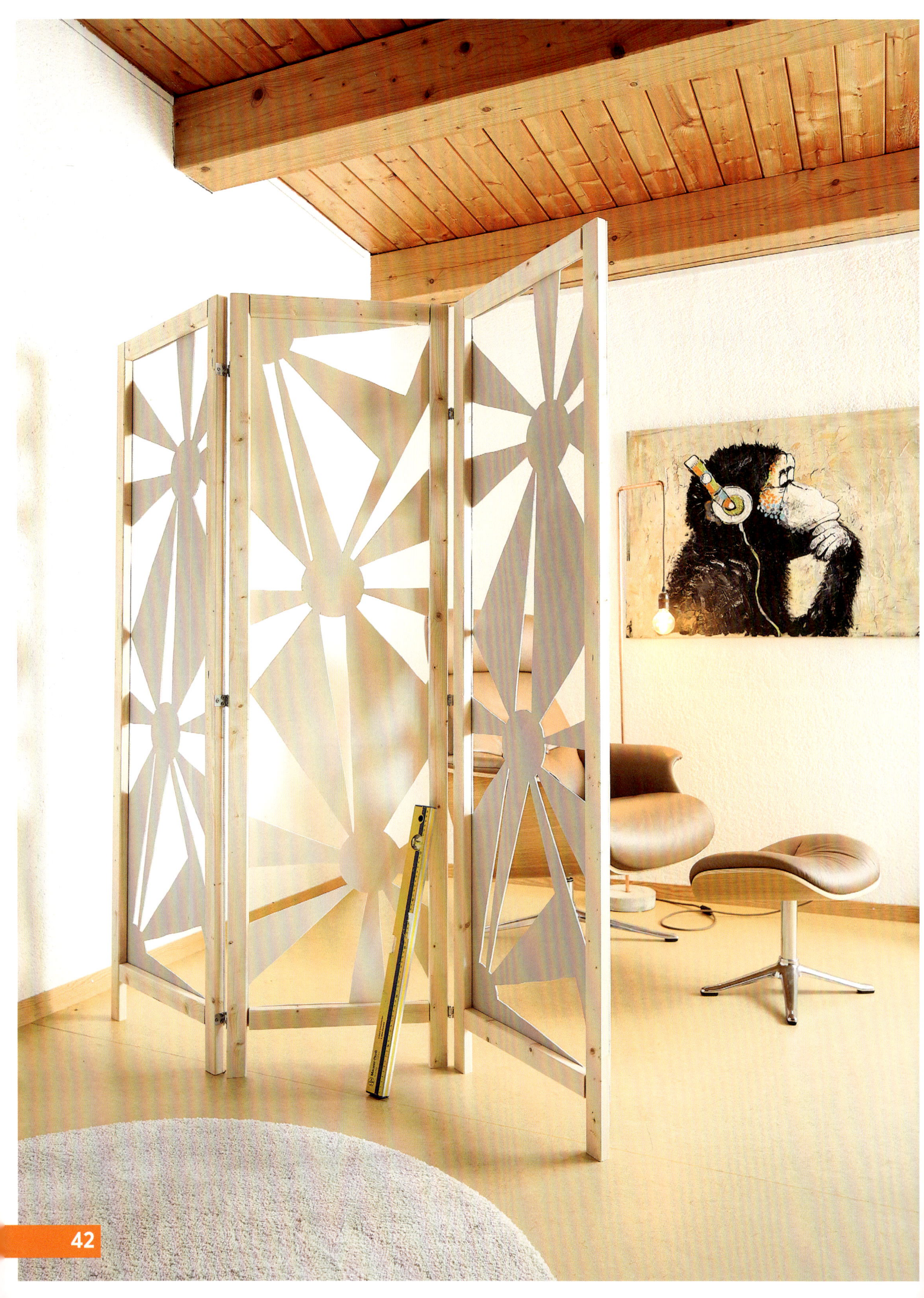

RAUMTRENNER MIT MUSTER

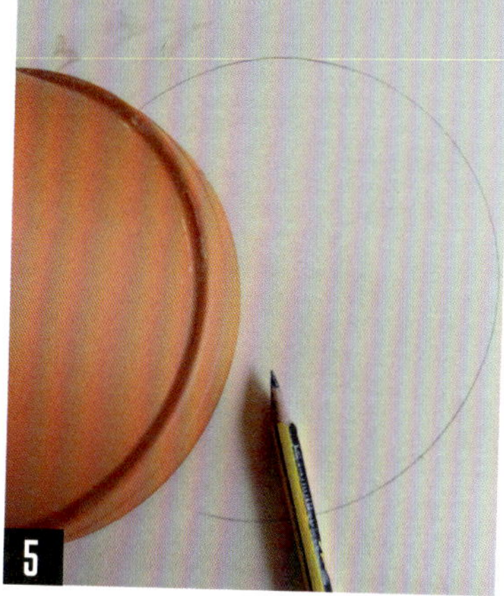
5

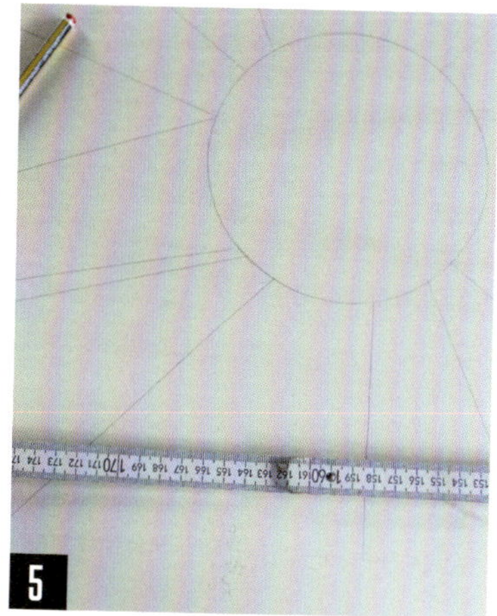
5

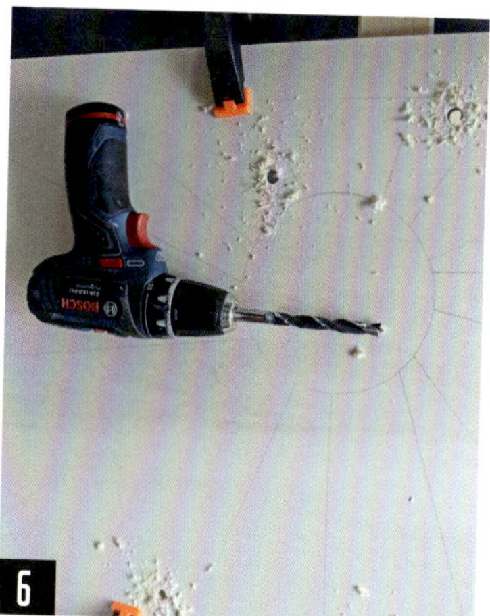
6

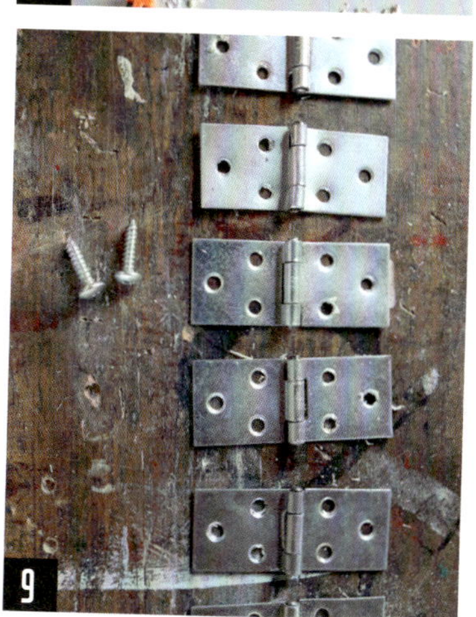
9

MATERIAL

- 6 Latten, gehobelt/gefast, 2,5 cm x 4,5 cm x 170 cm
- 6 Latten, gehobelt/gefast, 2,5 cm x 4,5 cm x 41 cm
- 3 Pappelholzplatten, 6 mm, 50 cm x 160 cm
- Stichsäge
- Gegenstand, ø 10 cm (Teller, Blumentopf)
- 6 Scharniere, 2,5 cm x 25 cm
- 36 Flachkopfschrauben, 1,6 cm lang
- Lineal, mind. 30 cm lang
- Bleistift
- Holzlasur in Hellgrau
- Schaumstoffwalze
- Stichsäge
- Holzleim
- Schraubzwingen, mind. 2 Stück, 60 cm breit
- Schleifpapier, 240er Körnung
- Holzbohrer, 8 mm
- 36 Schrauben, 1,6 cm lang

1 Sägekanten glätten. Paraventflügel auf flachen Untergrund legen und entsprechend zusammenlegen.

2 An den Kontaktflächen leimen und den überflüssigen Leim mit einem feuchten Tuch entfernen.

3 Mit den Schraubzwingen zusammenpressen und trocknen lassen.

4 Auf die Holzplatten einen Rahmen von 2,5 cm übertragen. Dieser Rahmen ist die Auflagefläche am Paraventflügel.

5 Auf die Holzplatten zuerst die Kreise zeichnen und dann sonnenstrahlförmig verschiedene Linien ziehen. Mit einem Bleistiftkreuz die Flächen markieren, die später ausgesägt werden und entfallen.

6 In die Ecke eines auszusägenden Dreiecks ein Loch bohren, sodass das Sägeblatt der Stichsäge hineinpasst und man mit dem Aussägen beginnen kann.

7 Nach dem Aussägen die Sägekanten glätten. Die Platten entstauben und eventuell nochmals glätten.

8 Je nach Wunsch die Seiten mit Lasur einwalzen. Nach der Trocknung auf die Rahmen legen und ausrichten. Mit den Schrauben festschrauben.

9 Die Scharniere an zwei Rahmen schrauben und dann alle drei Rahmenseiten miteinander verbinden.

KUPFERDEKO LOVE

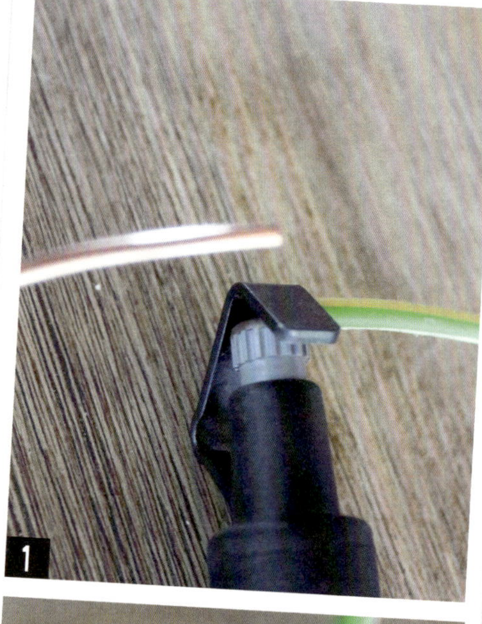
1

MATERIAL

- Kupferkabel, ø 5 mm, ca. 80 cm lang
- Abisolierzange oder Taschenmesser
- Kombizange
- Seitenschneider
- DIN A4-Blatt mit Aufschrift „LOVE“

TIPP:
Sollte das Kupfer mal anlaufen, einfach mit Essig und einem Tuch abwischen bzw. reinigen.

1 Kabel je nach Wunsch abisolieren.

2 Draht auf den Schriftzug legen und mit der Zange „nachbiegen“.)

3 Übrigen Draht mit dem Seitenschneider abzwicken.

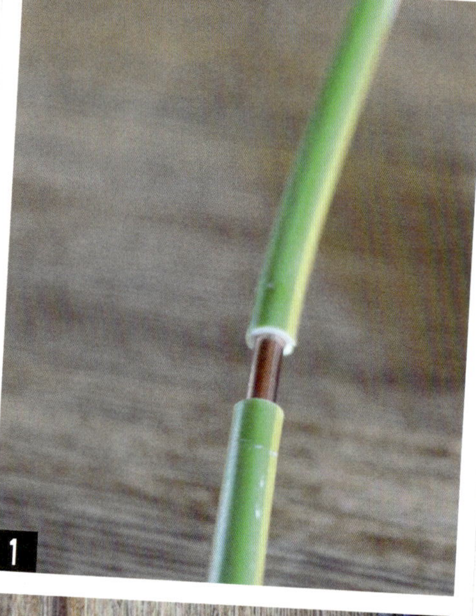
1

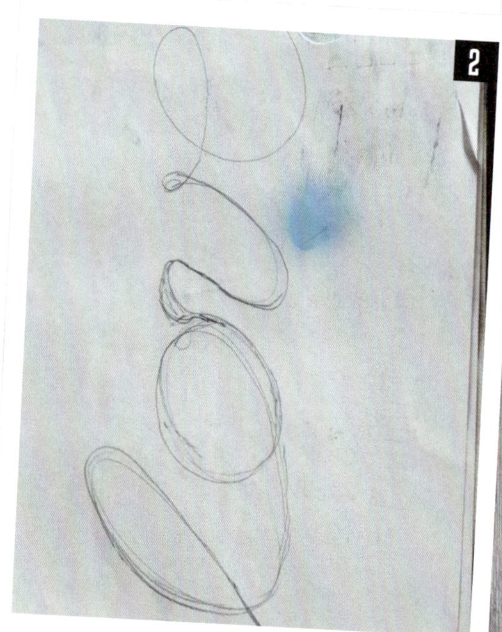
2

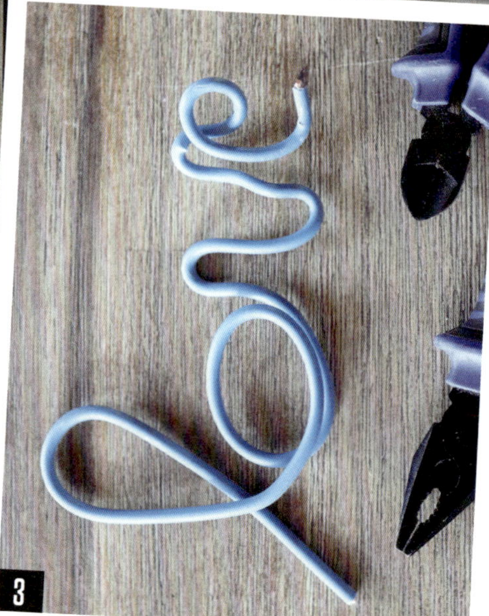
3

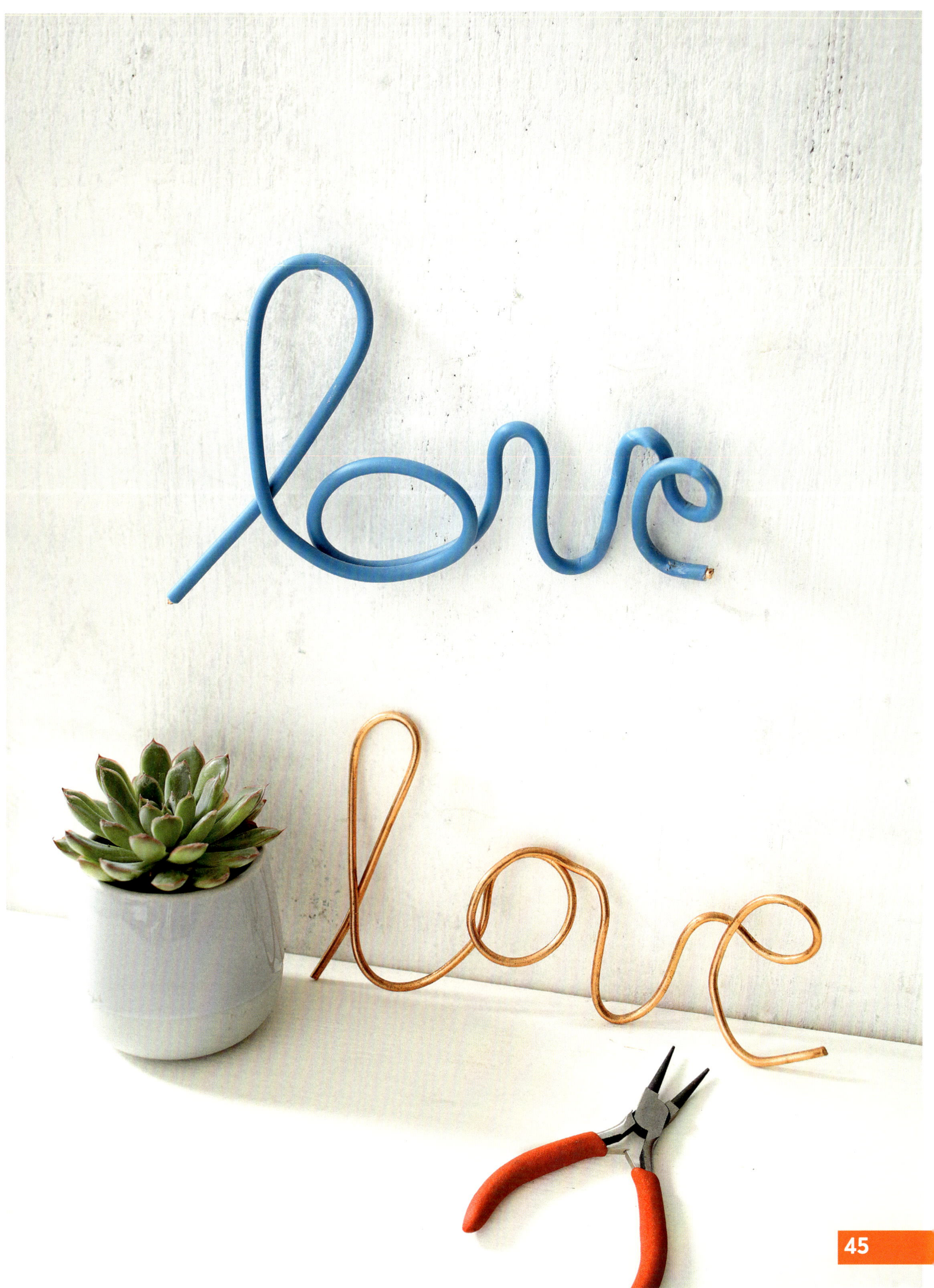
love
love

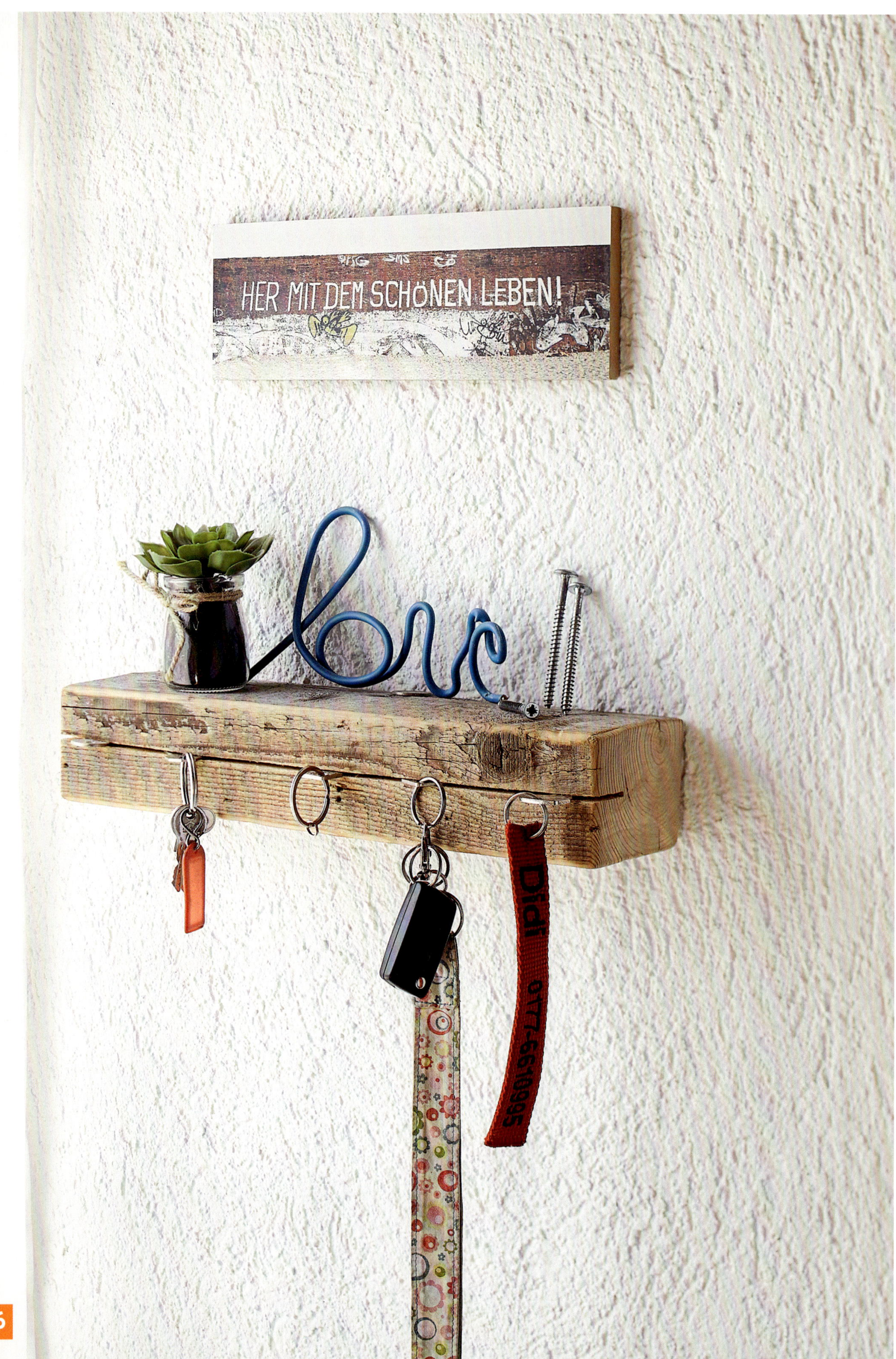
HER MIT DEM SCHÖNEN LEBEN!
love
Didi
0177-6610995

SCHLÜSSELBRETT
FÜR KLEINE ECKEN

MATERIAL

- Kantholz alt oder gebeizt, 10 cm x 7 cm x 40 cm (optional)
- Hand- oder Tischkreissäge
- Forstnerbohrer, ø 3 cm
- 90er-Bildwandhaken mit passenden Dübeln, 2x
- Schleifpapier verschiedene Körnungen
- Holzbohrer, 6 mm

TIPP:
Sollte die Bohrung nicht exakt passen, kann mit einer Schraube auf der Rückseite für den passenden Abstand zur Wand reguliert werden.

1 Kantholz auf die Wunschlänge kürzen.

2 Holz rundherum abschleifen, eventuell Kanten von Hand oder mit der Oberfräse abrunden.

3 Im Abstand von 3 cm an den Außenecken mit dem Forstnerbohrer zwei Löcher ca. 1,5 cm tief bohren. Diese Bohrungen dienen später der Wandbefestigung.

4 Mit dem Bohrer mittig in die Sägekante ein ca. 8 mm tiefes Loch bohren, hier soll der angewinkelte Bildnagel eingehakt werden.

5 Holz an der Vorderseite im unteren Drittel mit einem Schlitz versehen. Dieser sollte ca. 3-4 mm breit (Schlüsseldicke) und ca. 3 cm tief sein. Diesen Schlitz entweder mit der passend eingestellten Tischkreissäge oder mit der Handkreissäge hineinsägen.

6 Die Wandmontage ist mit den 90-Grad-Bildwandhaken sehr einfach.

STERNEN-BILD

MATERIAL

- 5-8 Rundholzstäbe, ø ca. 1 cm - 2,5 cm, 1 m lang
- Ggf. auch Vierkantleisten mit dünnem Querschnitt oder verschiedene Holzdübel
- Holzleim
- Bilderrahmen, ca. 45 cm x 45 cm
- Acrylfarbe in Kupfer
- Flachpinsel, 2 cm breit
- Vorlage eines Sterns, ø ca. 40 cm
- Heißklebepistole mit Klebesticks

TIPP:

Mit Wattestäbchen oder der Schnittstelle eines Stabrestes können Sie auf den Papierhintergrund auch verschiedene Punkte tupfen.

1 Bilderrahmen mit der Farbe anmalen. Beachten Sie, dass Farbe mit Metallanteil gut durchgerührt sein muss, damit die Partikel gleichmäßig verteilt werden und eine hohe Deckkraft haben.

2 Sternvorlage auf einen Untergrund übertragen, der auch dreckig und klebrig werden darf.

3 Stäbe auf verschiedene Längen von 2,5 cm bis 4 cm absägen.

4 Mit Holzleim die einzelnen Stücke verbinden und kurz aneinandergedrückt halten.

5 Dies solange wiederholen, bis die Vorlage „aufgefüllt" ist.

6 In den Bilderrahmen einen farbigen oder weißen Hintergrund einlegen.

7 Getrockneten Holzstern mit Heißkleber auf die Bilderrahmenscheibe kleben.

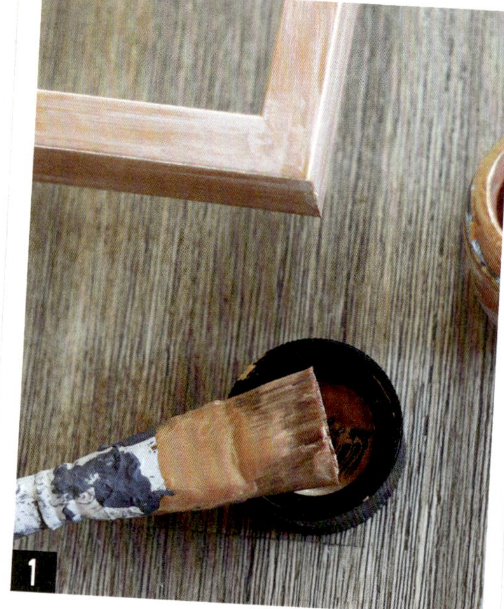
1

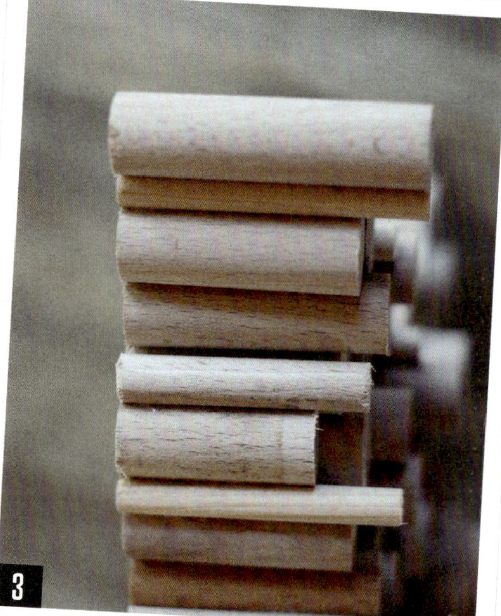
3

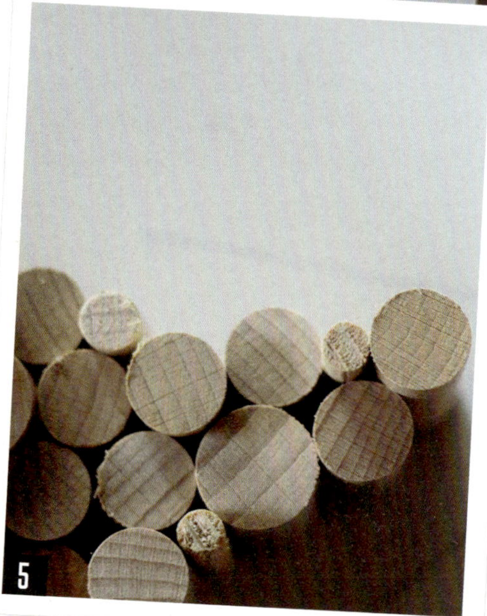
5

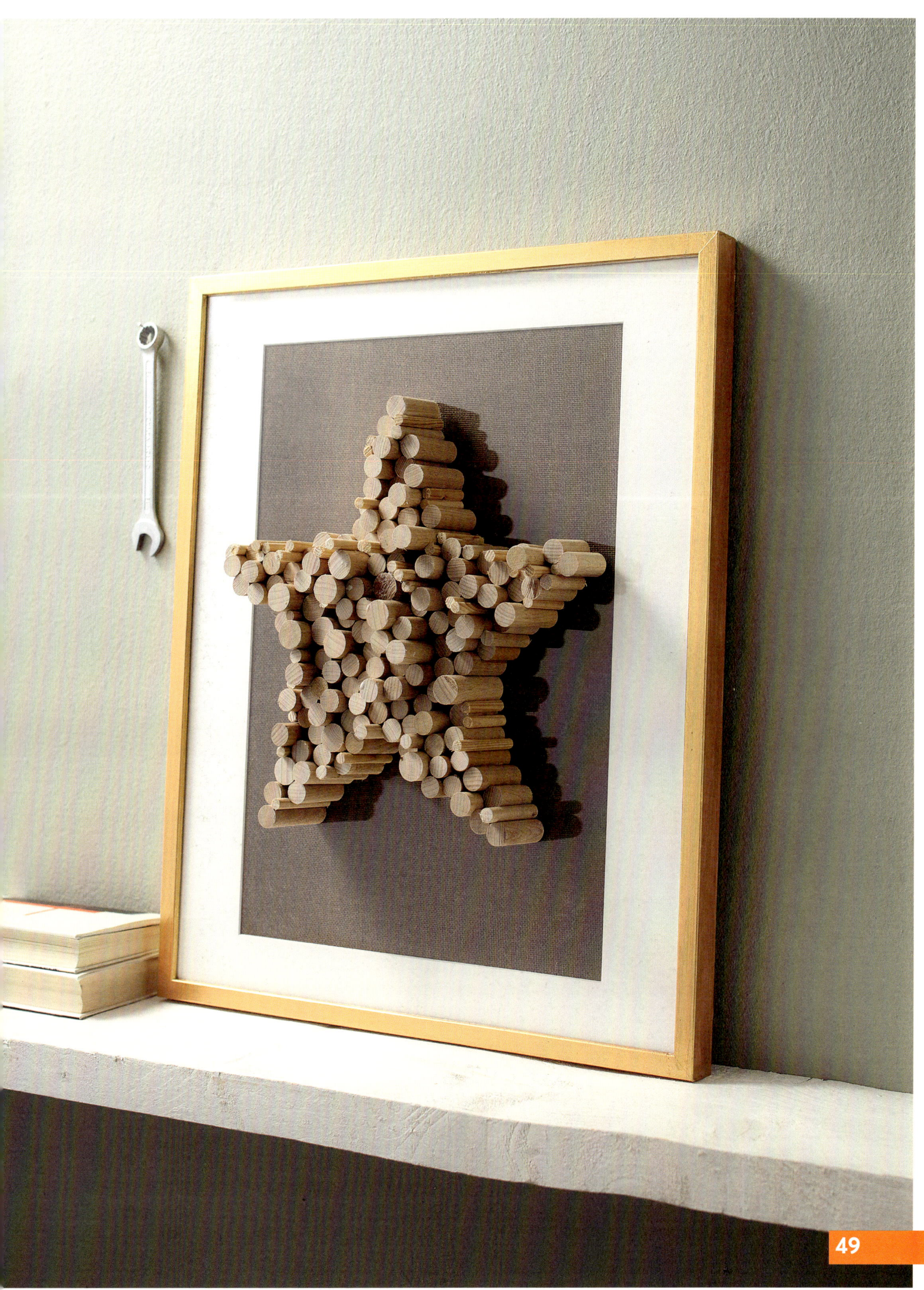

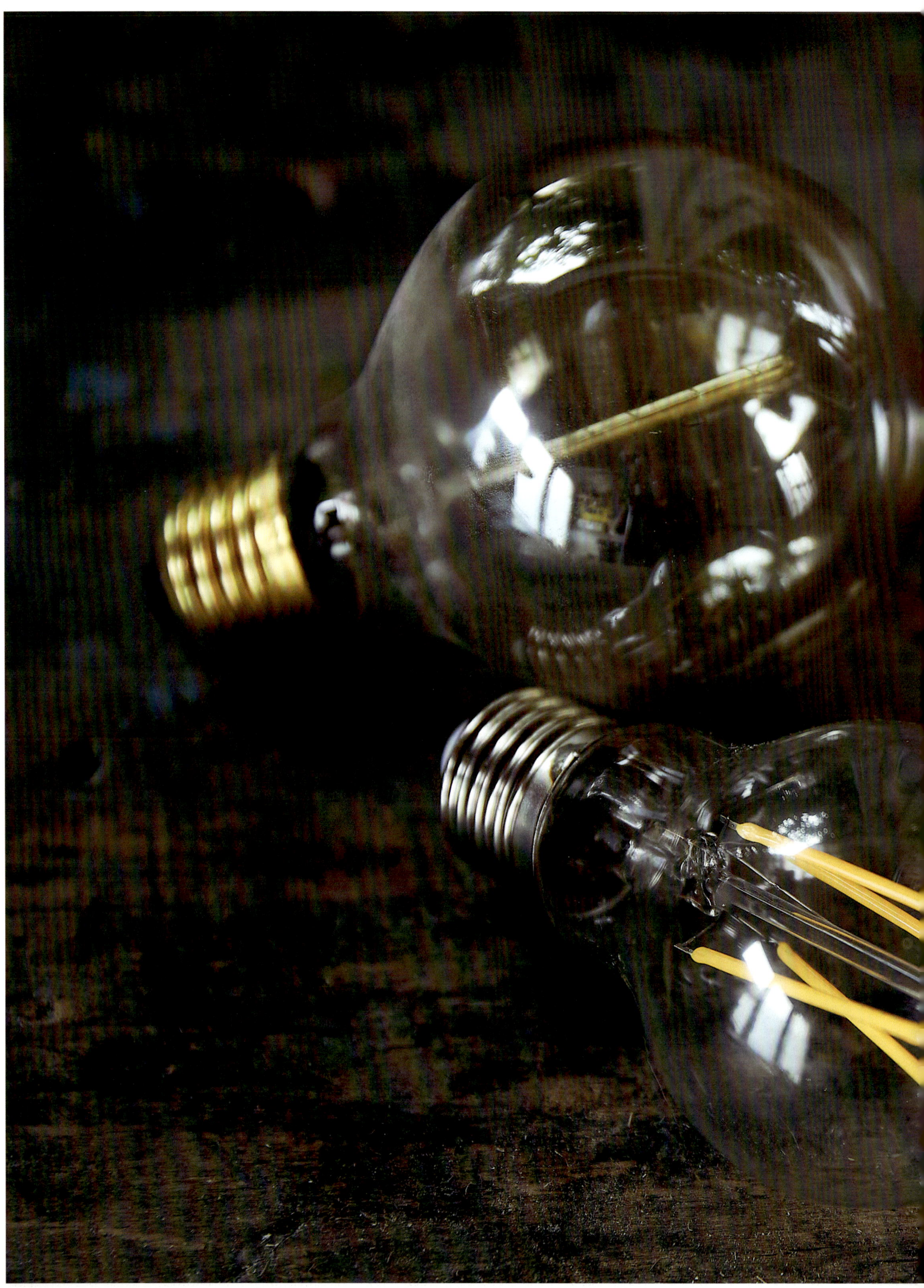

LAMPEN & LICHTER

KERZENHALTER AUS BETON

MATERIAL

- 2 Getränke-Tetrapacks, leer
- Backpapierabschnitt
- Klebeband
- 6 Fittings: Reduziermuffe in Kupfer, 22 mm x 15 mm
- Kreativbeton oder Beton oder Fließestrich
- Gipsbecher
- Schmale Spachtel
- Acrylfarbe in Kupfer
- Flachpinsel, 2 cm breit
- Klarlack Spray in Matt
- 6 Kerzen in Weiß, 2 cm dick
- Schleifpapier, 180er Körnung
- 4 Filzstopper
- Hefter

1 Tetrapacks oben der Länge nach aufschneiden. Die schrägen Seiten sofern vorhanden abschneiden und an diesen Öffnungen zusammenschieben, sodass diese 5 cm überlappen.

2 Mit Hefter zusammenheften.

3 Den Backpapierabschnitt in die Form einlegen, sodass die Folie zum größten Teil faltenfrei ist und den Boden abdeckt.

4 Arbeitsfläche mit Zeitungspapier oder Karton abdecken. Den Beton wie in der Herstellerangabe mischen und etwas verdicken.

5 Beton eingießen. Eventuell noch nachfüllen, falls die Kerzenhalterhöhe höher sein soll.

6 Nach 15 Minuten die Kupferelemente außen an das Modell stellen und die Abstände anpassen, dann die Kupferelemente in den Beton mit der dünnen Öffnung stellen/drücken, sodass der breitere Teil der Reduktion ohne Beton und außerhalb der oberen Schicht ist.

7 Nicht ganz durchhärten lassen, da es sich dann besser von der Form lösen lässt. Nach der Trocknung die Ecken eventuell etwas abschleifen bzw. brechen.

8 Nach der Trocknung den unteren Teil mit Kupferfarbe streichen. Eventuell nochmals einen zweiten Anstrich machen.

9 Filzstopper nach der Trocknung auf die Unterseite kleben. Alles mit Klarlack einsprayen, um es später besser abstauben zu können.

TIPP:

Wenn die Gießform komplett mit Backpapier ausgelegt wird, entsteht eine schöne Knitter-Faltenoptik.

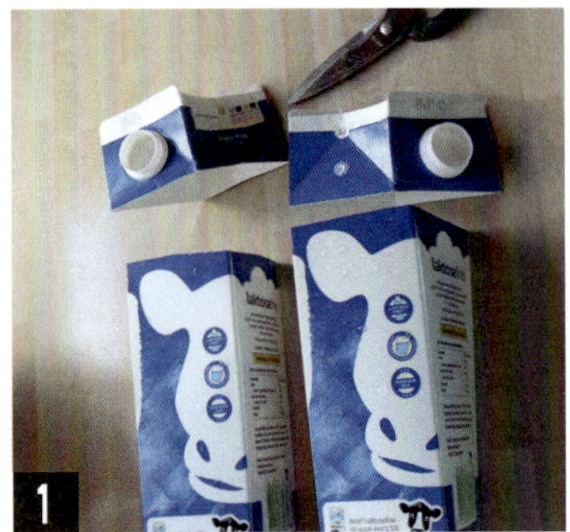

1

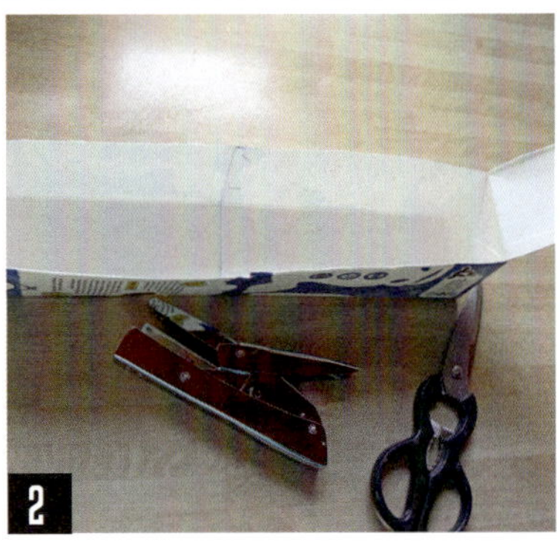

2

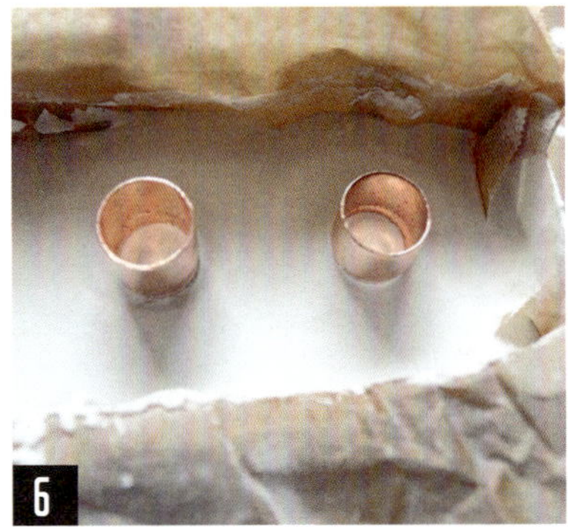

6

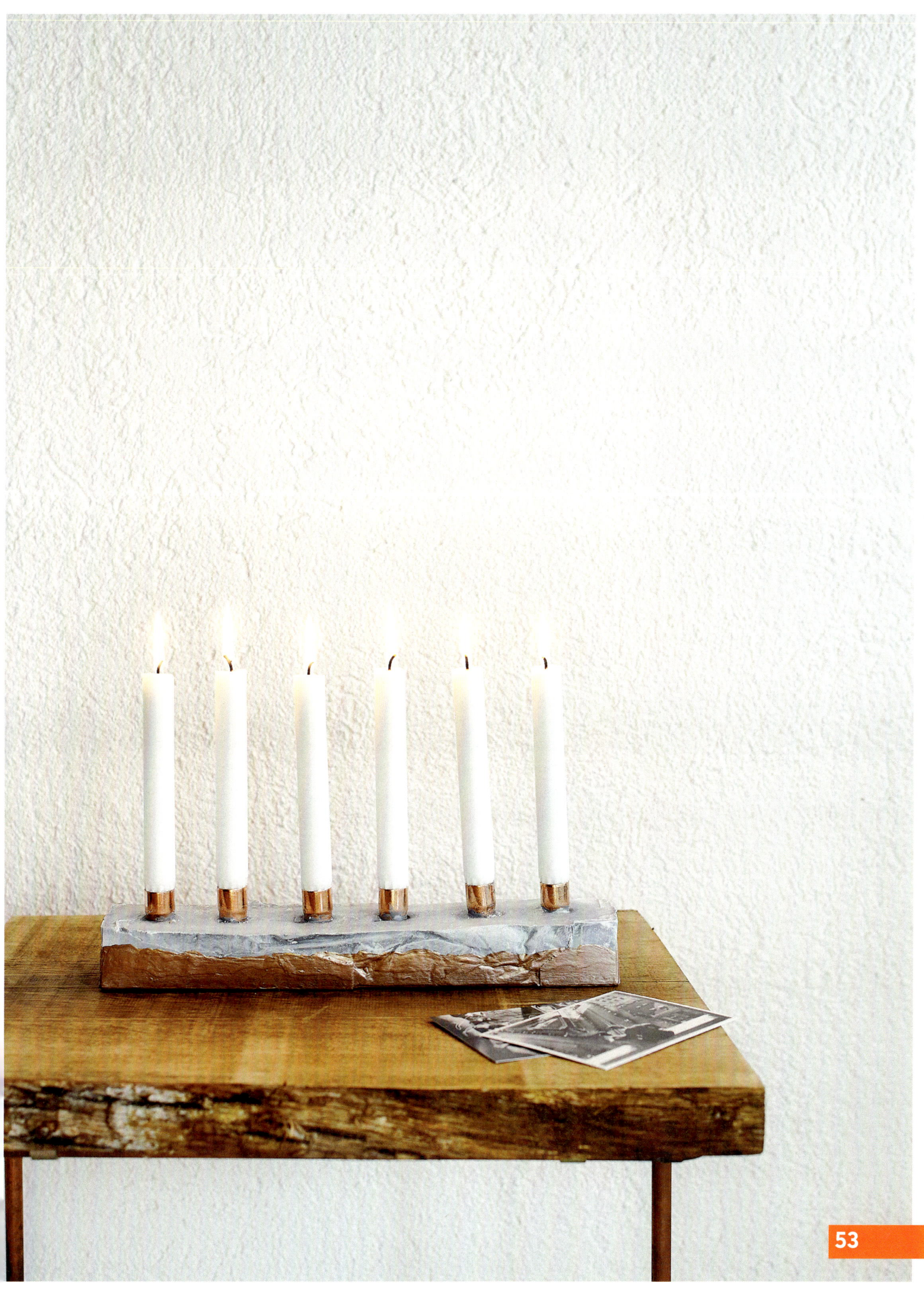

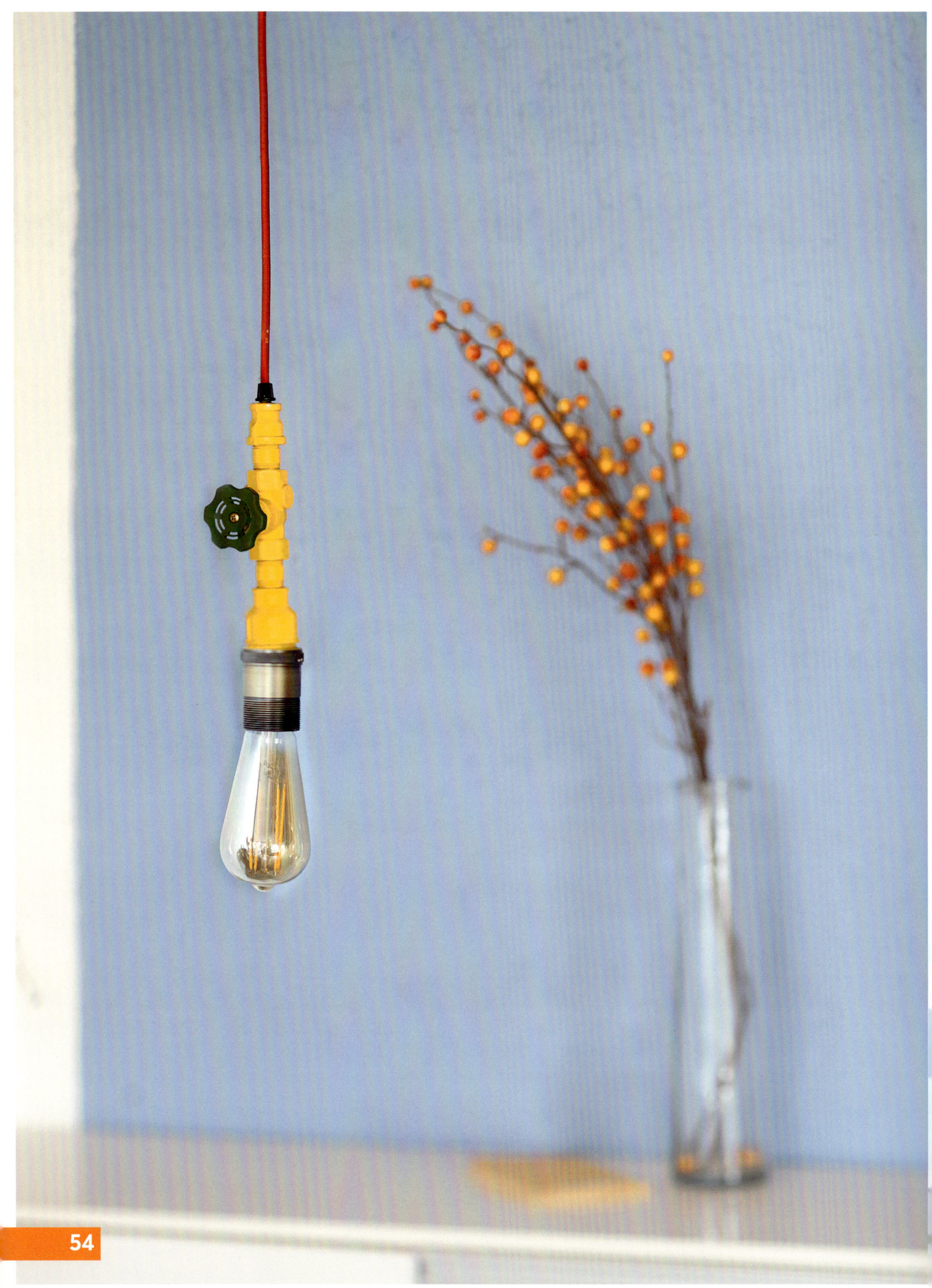

HÄNGELAMPE
MIT GUSSROHR

MATERIAL

- Retro-Glühbirne
- Glühbirnenfassung, messingfarben, aus Metall für E27 Kurzgewinde
- Kabelbolzen mit Kabeldurchführung in Schwarz
- Textilkabel in Rot, 1-2 m lang, H03VV-F 3 x 0,75 mm²
- Acrylspray in Gelb, matt
- Kreppband
- Absperrventil, ½" ohne Entleerung
- Reduziermuffe, verzinkt 3/4"x1/2"
- Reduziermuffe, verzinkt 1/4"x1/2"
- 2 Rohrnippel, verzinkt, in unserem Beispiel 30 mm lang (hier kann je nach Glühbirnenlänge variiert werden)
- Elektroschraubenzieher
- Kabelzange
- Kabelabisolierer
- Tesafilm
- Heißkleber
- Brennspiritus oder Verdünner zum Entfetten der Rohre
- Alter Lappen
- Metallbohrer, 8er
- Verteilerdose
- Falls notwendig, einen Deckenhaken zum Befestigen der Lampe an der Decke

1 Am Absperrhahn seitlich hineinblicken und am Abstellrad drehen, bis die Öffnung für Kabel sichtbar wird. Wenn die Öffnung zu klein ist, mit dem Metallbohrer vergrößern. Hier ist es ratsam, den Absperrhahn in einen Schraubstock zu spannen. Metallspäne entfernen.

2 Wasserleitungselemente entfetten und zusammenschrauben. Mit Kreppband die Öffnungen verkleben, auf einen abgedeckten Untergrund legen und ein- bis zweimal ansprühen. Nach der Trocknung drehen und nochmals wiederholen.

3 Textilmantel kürzen. Den Kabelmantel auf 5 cm entfernen, sodass die isolierten Elektrokabel zum Vorschein kommen. Diese 1 cm abisolieren.

4 Nach Herstellerangaben mit der Lampenfassung verbinden.

5 Den Textilmantel auf beiden Enden mit Tesaband fixieren.

6 Kabel durch die Wasserleitungselemente führen sowie durch den aufgedrehten Kabelbolzen.

7 Die Lampenfassung nur mit dem geraden Bauteil an die große Reduktion kleben. Kabel nochmals nachziehen, den Kabelbolzen durch Festdrehen fixieren und diesen dann mit Heißkleber an die dünnere Reduktion kleben.

8 Glühbirne eindrehen.

9 Kabelende für die Deckenmontage vorbereiten. Eventuell den Textilmantel wieder mit Tesafilm fixieren, sodass dieser nicht wegschlüpft.

TIPP:
Je nach Glühbirnenart bzw. -länge kann an den Rohrnippeln noch die Länge variiert werden.

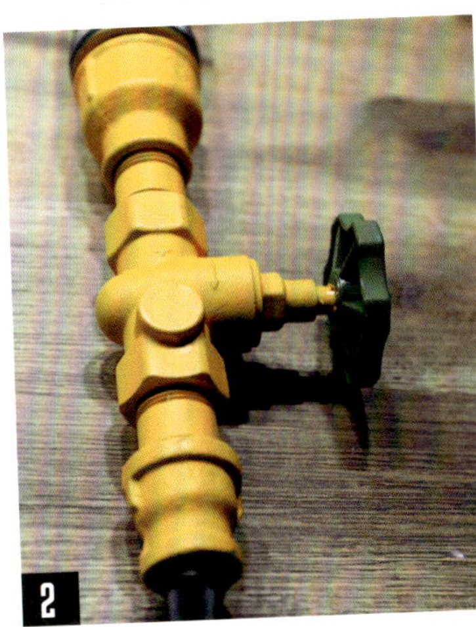
2

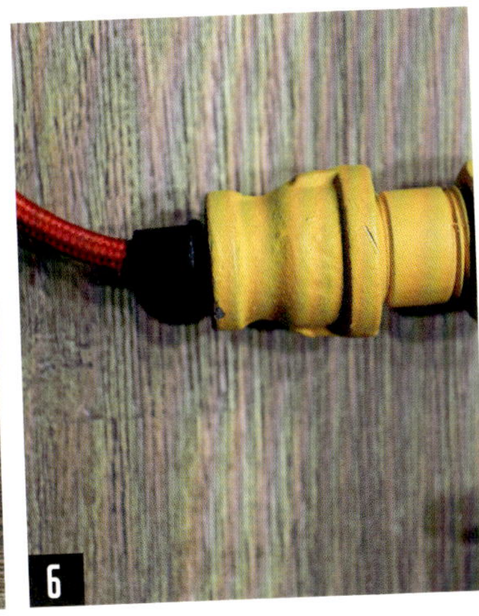
6

DECKENLAMPE AUS BETON

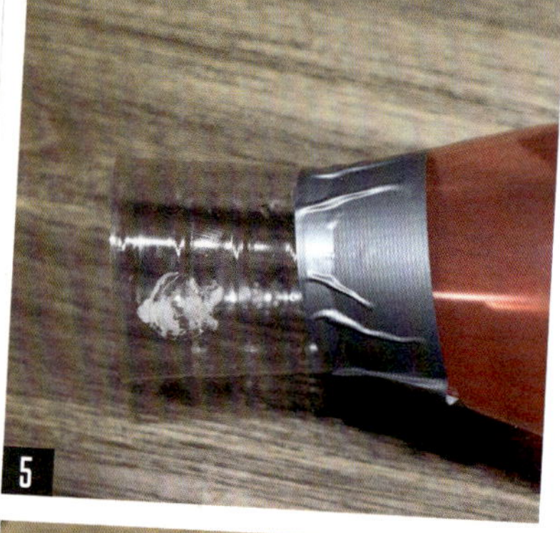

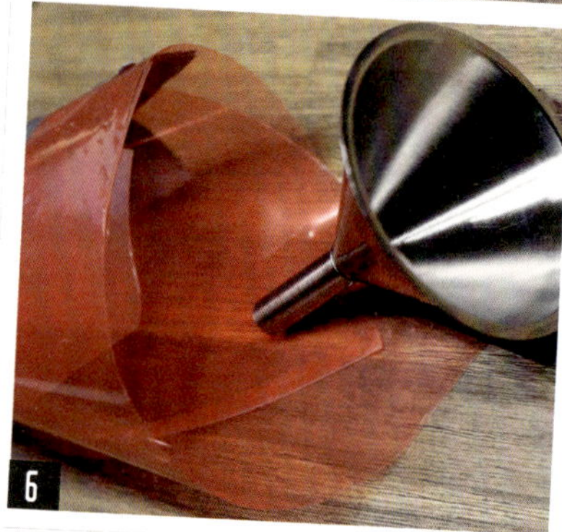

MATERIAL

- Gewebeband
- 2 DIN A4 Dokumentenhüllen, sehr fest
- Kreativbeton oder Fließestrich
- Holzstab oder alter Löffel
- alter Eimer oder Schüssel
- Plastikflasche, geradlinig
- Salatöl
- großer Trichter, bevorzugt Plastik
- Lampenfassungsset mit Fassung und Kabel in entsprechender Farbe
- Glühbirne
- Pinsel, flach
- Acrylfarbe in Gold

TIPP:

Es kann jeglicher Haushaltsgegenstand als Gießform verwendet werden. Wichtig ist nur, dass dieser mit der Schere aufschneidbar ist oder mit poröser Oberfläche mit Öl einstreichbar. Zur Not kann auch eine Folie oder Wachspapier hineingelegt werden - dadurch hat man aber die Faltenbildung als Abdruck.

1 Aus einem Haushaltsgegenstand eine Gießform herstellen. In unserem Beispiel die Folie aufschneiden, wie einen Trichter formen und mit einem Stück Klebeband kurz fixieren.

2 Die überstehenden Folienreste abschneiden und eventuell die Spitze mit der Schere ausschneiden, sodass diese im Umfang an den Zylinder bzw. an unsere abgeschnittene Plastikflasche passt.

3 Plastikflasche oben und unten gerade abschneiden. Selbst gebastelten Trichter aufstülpen und von außen mit Klebeband fixieren, sodass alles abschließend zu ist.

4 Beton nach Herstellerangaben anrühren und darauf achten, dass sich keine Klümpchen bilden.

5 In den unteren dünnen Teil des Küchentrichters ein Papiertaschentuch knüllen, einfach zur Sicherheit, damit diese Öffnung nicht zu läuft. Flaschenrohr auf einen Plastikuntergrund stellen und mit Klebeband rundherum fest und dicht bekleben. Bitte immer daran denken: Alles, was nach innen in die Form herein steht, wird dargestellt. Zur Sicherheit die Kontaktflächen zur Gießmasse einfetten.

6 Küchentrichter in die Form hineinstellen und mit einer Hand festhalten bzw. ausrichten.
Masse zwischen Form und Trichter einfüllen und danach nach Herstellerangaben trocknen lassen. Bitte beachten: Dass Ganze wird warm und dehnt sich etwas aus, die Masse sollte nach oben 2 cm Luft haben. Sollte der Trichter schwimmen wollen, diesen hinunterdrücken und einen Haushaltsgegenstand daraufstellen.

7 Nach dem Trocknen die Außenhülle entfernen. Ggf. mit Schleifpapier die Grate entfernen oder stehenlassen, was ich persönlich sehr interessant finde.

8 Die Lampe innen mit Gold 1-2 Mal anstreichen.

9 Lampenfassung nach Herstellerangaben einbauen.

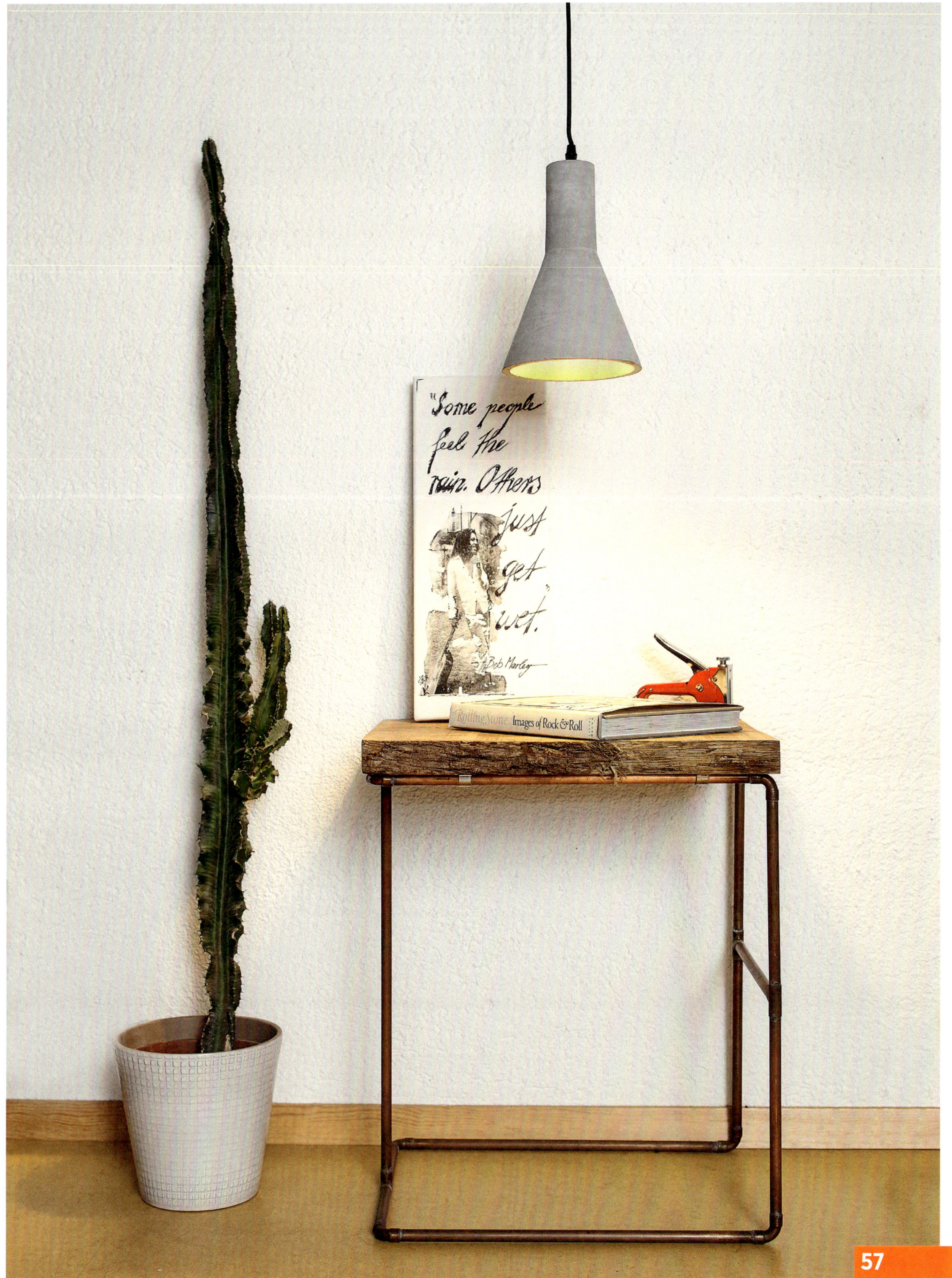
"Some people feel the rain. Others just get wet."
Bob Marley
Rolling Stone Images of Rock & Roll

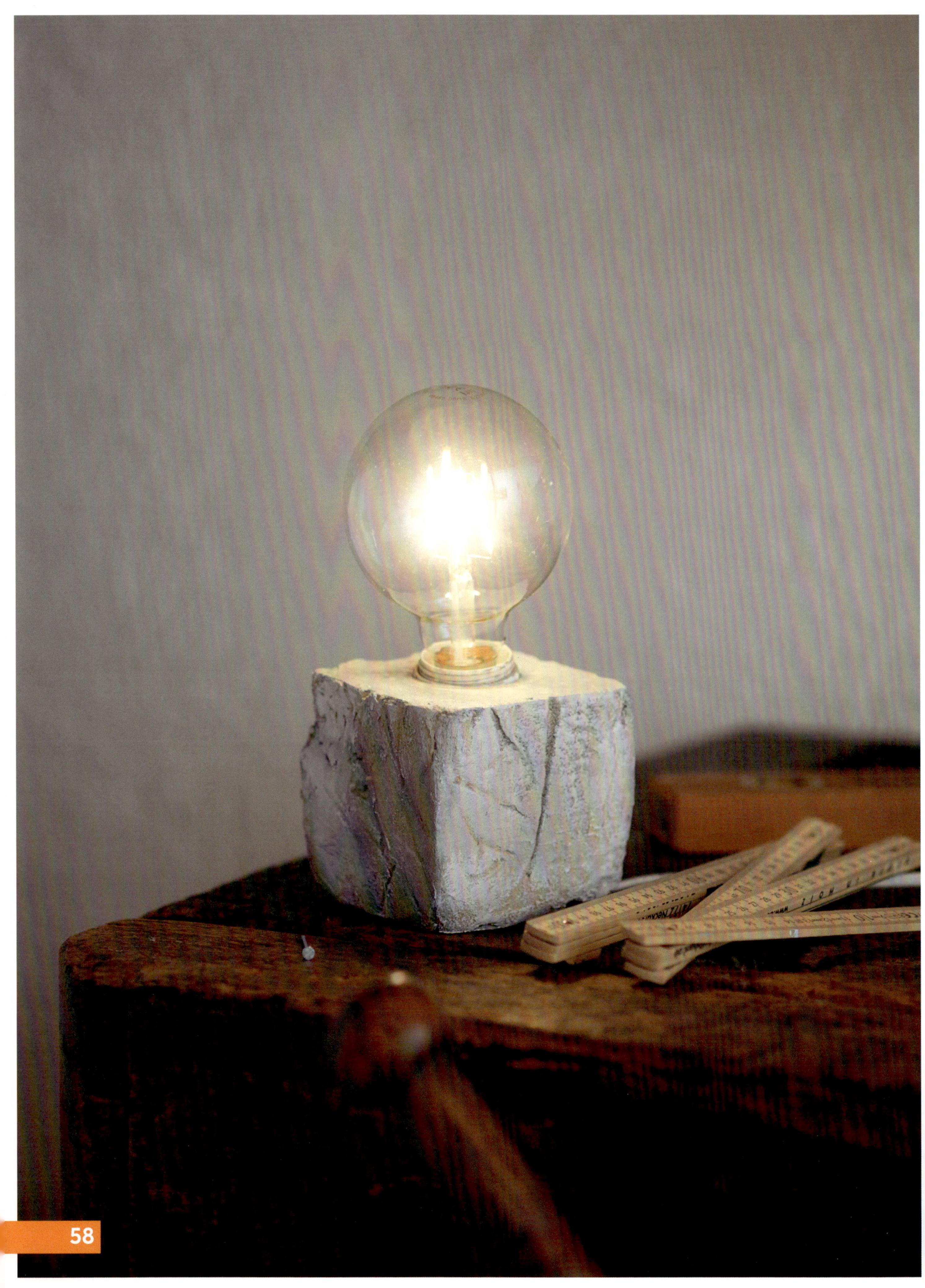

NACHTTISCH-
LAMPE

MATERIAL

- Kreativbeton oder Baumarktbeton oder Estrichausgleichsmasse
- Kleiner Spachtel
- Klarlackspray in Matt oder Haarspray
- Eckige Pappschachtel (Süßigkeitenbox), ca. 12 cm x 12 cm x 12 cm
- Gefrierbeutel, 1 l
- Schere
- Glühbirnenfassung mit Schalter und Netzstecker, Gewindefassung E27
- Retro-Glühbirne E27
- Papiertuch
- Gipsbecher

1 Am Boden der Box in der Mitte ein Loch schneiden, sodass der Netzstecker hindurchpasst.

2 Die Gefrierbeuteldose in die Box einlegen, sodass diese damit ausgefüllt ist. Eine Stelle bestimmen, an der der Netzstecker bzw. das Kabel durchgeführt wird. Hier die Tüte anschneiden. Durch die Tüte bekommt die Oberfläche einen schönen Faltenlook.

3 Lampenfassung in der Mitte der Box platzieren, indem das Kabel durch die Öffnung in der Tüte und der Box hindurchgezogen wird.

4 Lampenfassung sehr dicht mit Küchenpapier ausstopfen. Die Tüte am Kabelausgang mehrmals umfalten, damit nicht allzu viel Flüssigkeit durchsickert.

5 Beton sehr dick anrühren und in die Box einfüllen.

6 Die Lampenfassung nochmals ausrichten, sodass diese mittig und gerade in der Box steht.

7 Nach ca. 2 Stunden das Ganze aus der Box herausnehmen. Beton eventuell noch etwas an den Kanten drücken oder formen.

8 Papiertuch entfernen. Krümel aus der Fassung entfernen.

9 Nach der Trocknung die Glühbirne eindrehen und testen.

10 Damit der Beton auf der Oberseite eine schöne unruhige und etwas glänzende Oberfläche erhält, wie die anderen Flächen satt mit Haarspray oder Klarlack matt einsprühen, sodass auch kleine Pfützen auf der Oberfläche sind.

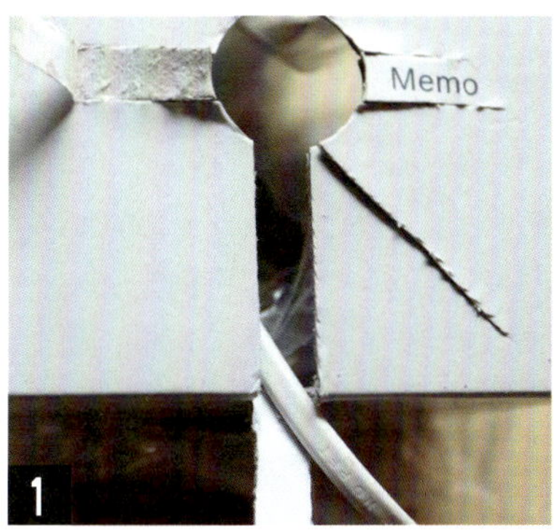

1

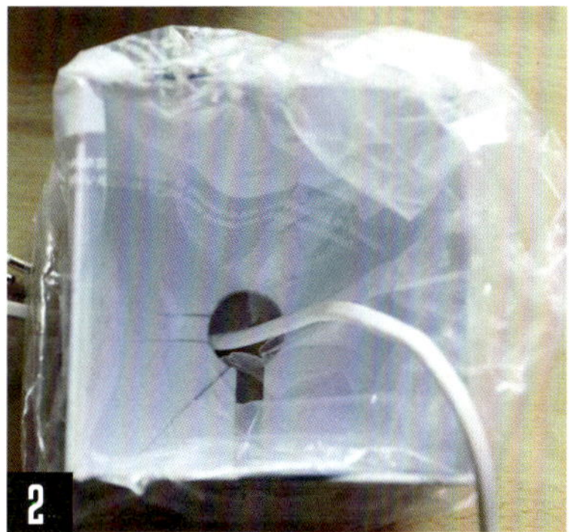
2

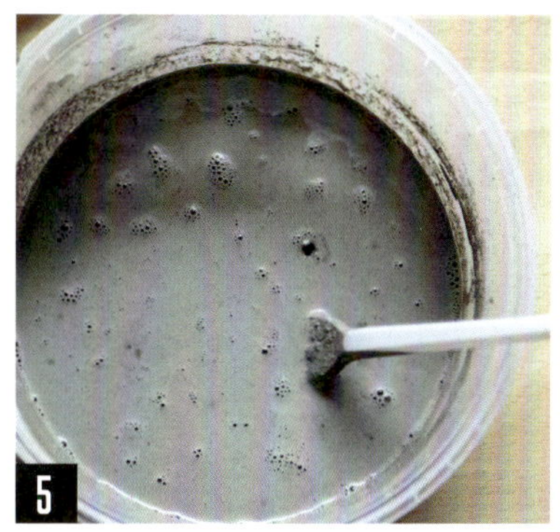
5

BELEUCHTETES SIDEBOARD

MATERIAL

- 6 Flaschenwürfel Styropor, in Grau, für 5 Flaschen max. ø 9 cm, 1 Stück – 25 cm x 30,8 cm
- Tischlerplatte, 22 mm stark, 20 cm x 110 cm
- Walze
- Holzlasur in Hellgrau
- Lichterkette mit mind. 35 Lämpchen

1 Brett auf alte Holzlatten oder Schachlikspieße legen und mit Holzlasur einwalzen.

2 Nach der Trocknung Vorgang auf der anderen Seite wiederholen. Je nach Wunsch die prägnante Sägekante auch lassieren oder als Kontrast in Naturfarben lassen.

3 Styrophorklötze stapeln und Brett auflegen.

4 Lichterkette von hinten mit den Lämpchen in die Öffnungen einführen.

5 Das Regal wird nun näher an die Wand geschoben.
Und Licht an!

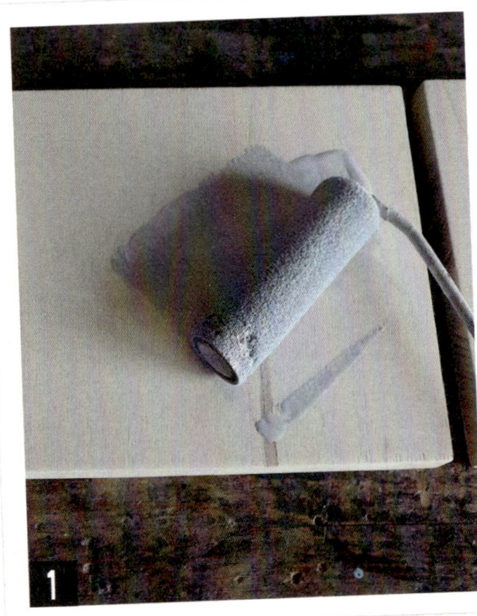
1

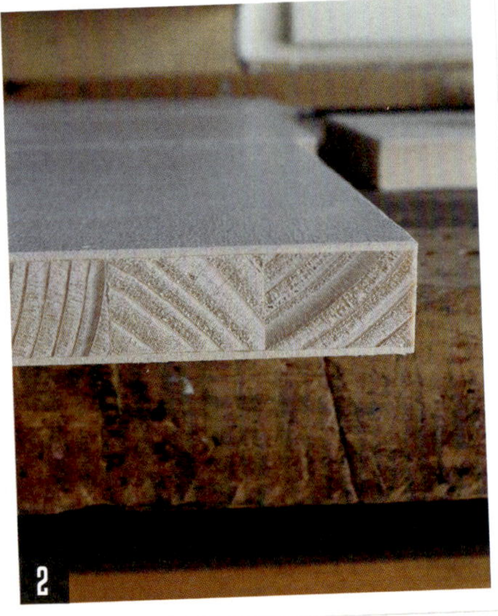
2

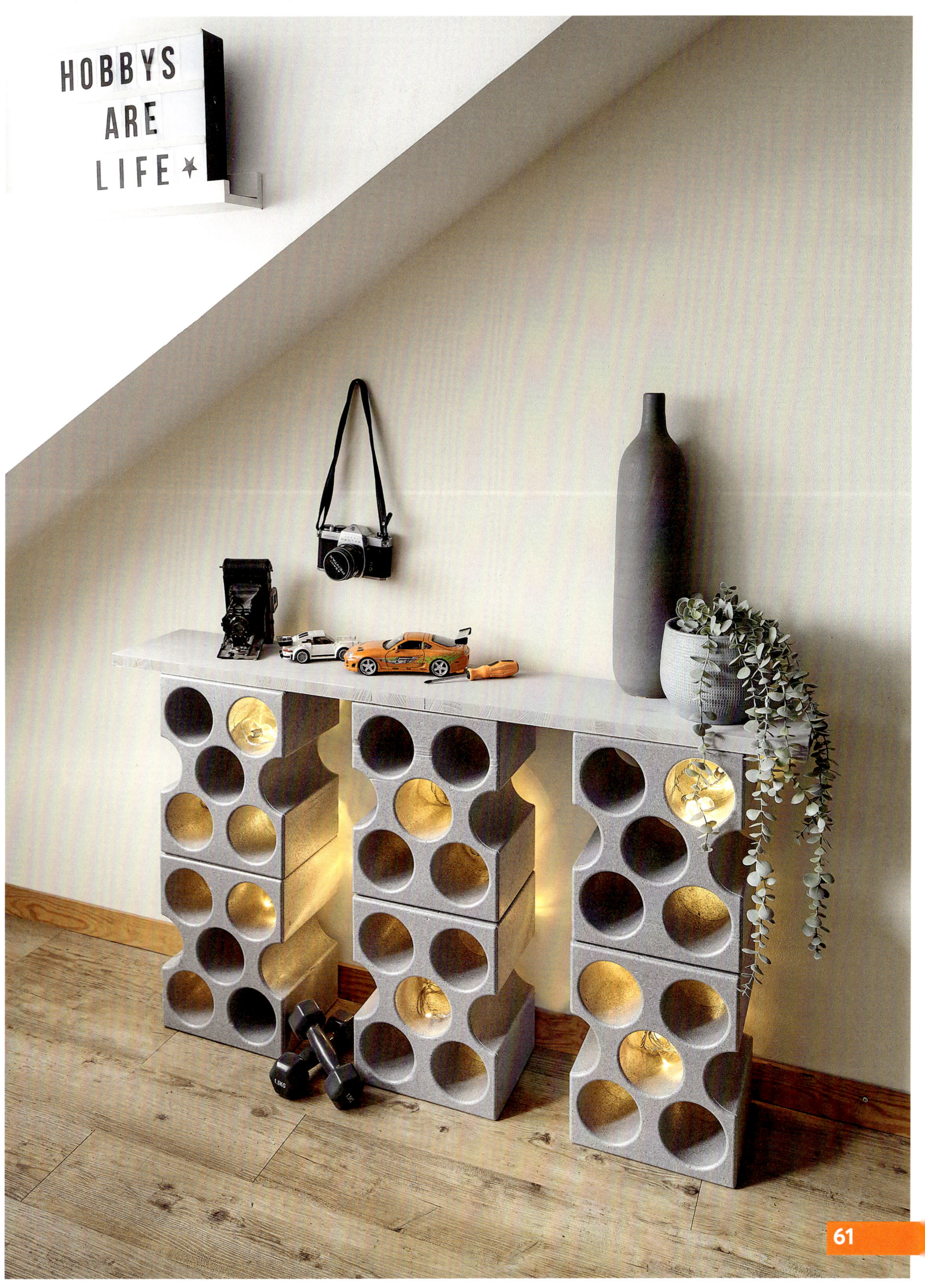
HOBBYS
ARE
LIFE ★

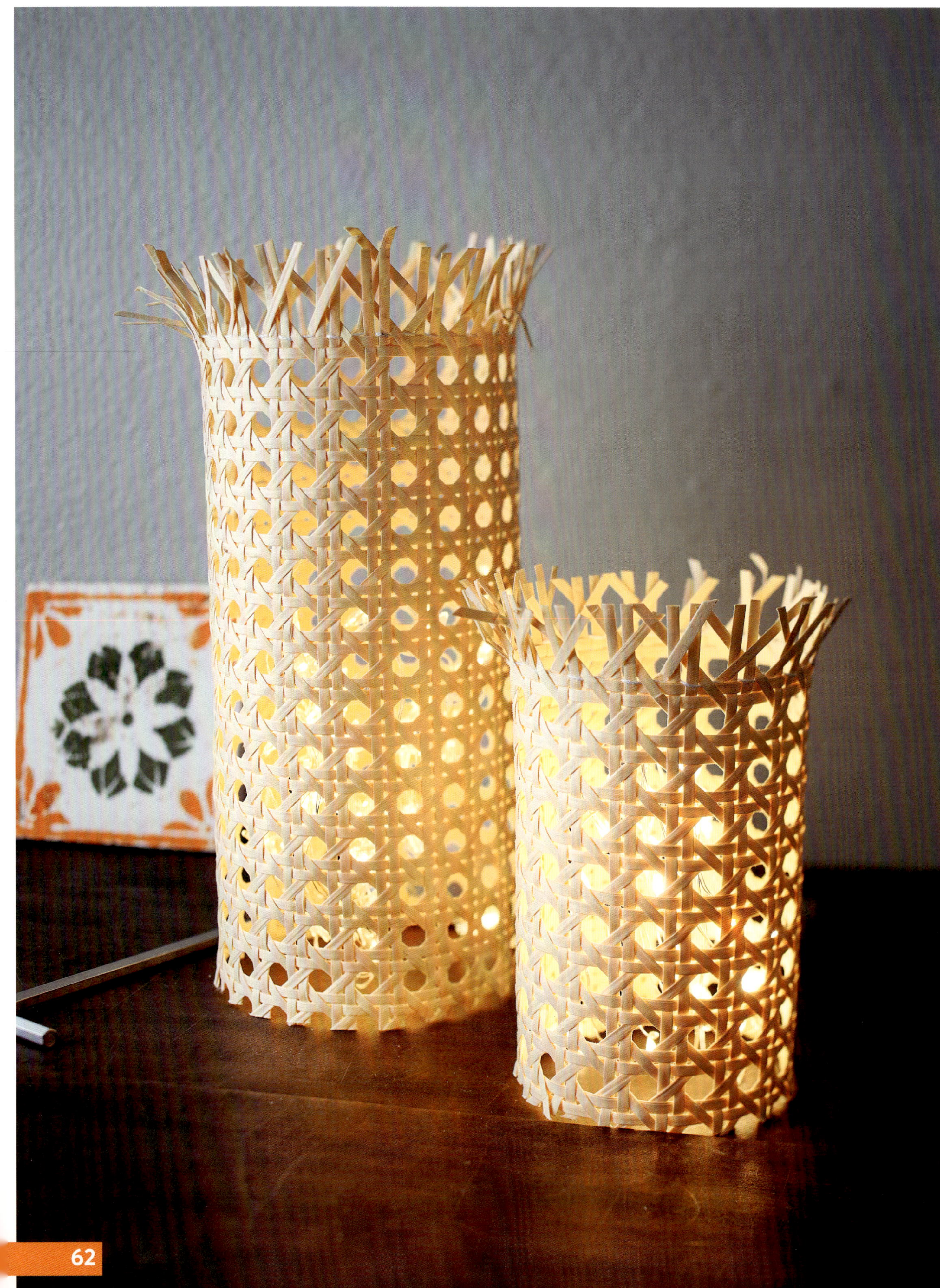

RATTAN-
WINDLICHT

MATERIAL

- Reststücke Rattan, verschieden, z.B. ca. 30 cm x 30 cm
- Doppelseitiges Klebeband oder Heißklebepistole

1 Aus dem Restmaterial ein gleichmäßiges Viereck oder Rechteck ausschneiden.

2 An einer der zwei Stoßkanten das doppelseitige Klebeband in 1 cm dicken Stre ifen aufkleben und die Schutzfolie auf der anderen Klebeseite entfernen.

3 Die Die Stoßkanten aufeinander legen.

TIPP:
Eventuell mit einem Bürotacker zusätzlich zusammenheften. Ausgefranste Seiten können auch sehr schöne Eye Catcher sein.

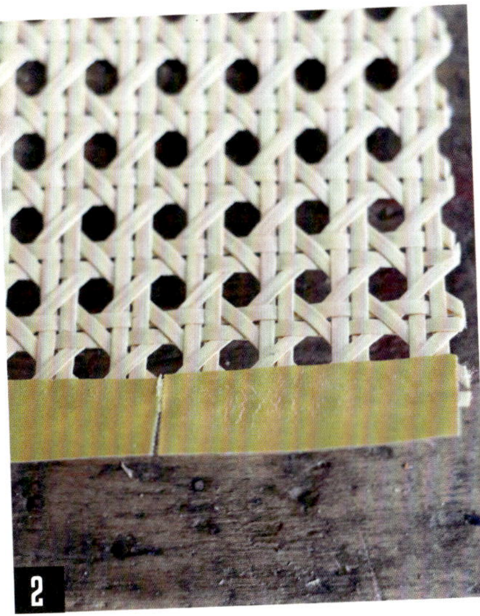
2

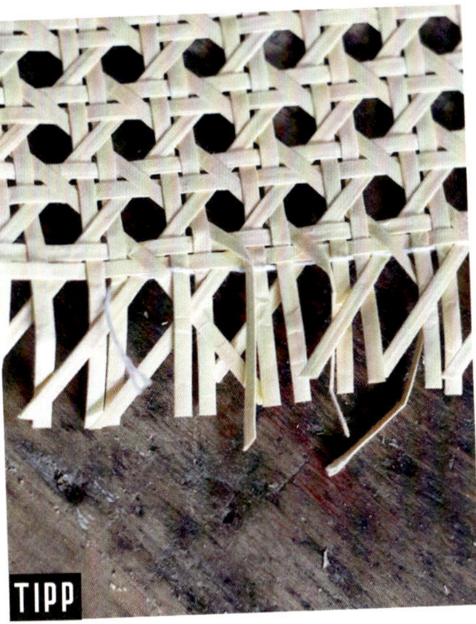
TIPP

DECKENLAMPE
AUS KABELN

MATERIAL

- OSD-Platte, 60 cm x 60 cm, 8 mm
- Lampenabhängigebefestigung, gibt es fertig zu kaufen (siehe Foto) oder 15 cm/ 8er Gewindestange + 3 M8 Muttern + Hutschraube M8 + 20 cm Metallband, an den Ecken gebogen
- Gabelschlüssel und Ringschlüssel für M8
- Bohrer, 8 mm
- Schaumstoffwalze
- Acrylfarbe in Schwarz
- Schleifpapier, 180er Körnung
- 2 Sammellüsterklemmen oder -hütchen
- 10 Renovierungsfassungen mit längerem Kabel zw. 50-90 cm
- Kabel, 20 cm lang
- 2 Lüsterklemmen
- Heißklebepistole
- 10 Kabelbolzen mit Kabeldurchführung in Schwarz
- 10 Retro-Glühbirnen in verschiedenen Größen, Gewinde E27
- Flachpinsel, 1cm breit, für die Ausbesserungen und Bohrlöcher
- Kabelzange
- Kabelabisolierzange

1 Alle Sägekanten mit Schleifpapier entgraten.

2 Bohrlöcher anzeichnen. In einer Ecke beginnend je 12 cm von den Eckseiten einmesse, entsprechend markieren und ohne Druck bohren, damit die Holzplatte nicht an der Bohrung ausfranst.

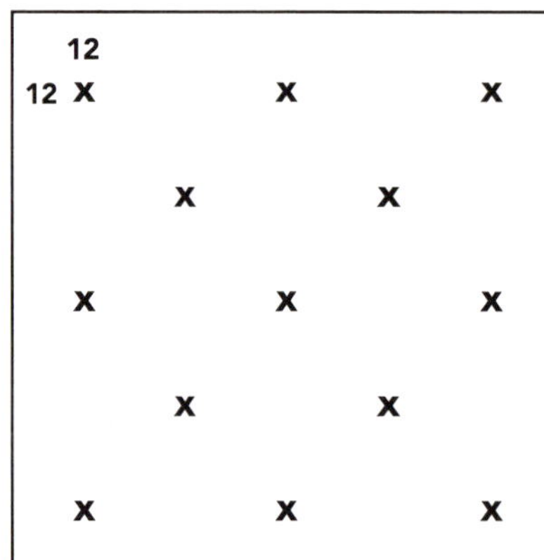

3 Bohrlöcher mit Schleifpapier entgraten sofern notwendig.

4 Zeitungspapier auslegen und das Brett sowie die Brettaußenkanten gut deckend mit Schwarz einfärben. Die Hutmutter ebenfalls in Schwarz streichen.

5 Nach der Trocknung das Gewindeteil mit Heißkleber bekleben, in die Bohrlöcher einführen und kurz andrücken. Den einen Teil der Kabelbolzen über die Kabel schieben, die Kabelenden durch die Bohrungen von der Sichtseite durch zur Wandseite fädeln.

6 Den Kabelmantel auf 5 cm entfernen, sodass die isolierten Elektrokabel zum Vorschein kommen. Diese 1 cm abisolieren.

7 Das separate Kabel wird auf beiden Seiten so wie in Position 6 abisoliert.

8 Es werden alle (nur das separate Kabel von einer Seite) blauen Kabel bzw. deren Kupferdrähte zusammengedreht und in den Hut hineingesteckt. Vorgang mit den schwarzen Kabeln wiederholen.

9 Für den unteren Teil (Gewindestange + Mutter + Hutmutter) die Lampen-Deckenbefestigung am Brett befestigen. Hierzu die Gabel- und Ringschlüssel verwenden.

10 Für den oberen Teil (Mutter + Metallband + Mutter) die Lampen-Deckenbefestigung entsprechend mit Schrauben und Dübel an die Decke schrauben.

11 Zweite Person hinzuholen. Separates Kabel wird in die Lüsterklemmen an der Deckenstromversorgung geschoben und arretiert. Brett mit den Kabeln an die Deckenbefestigung schrauben.

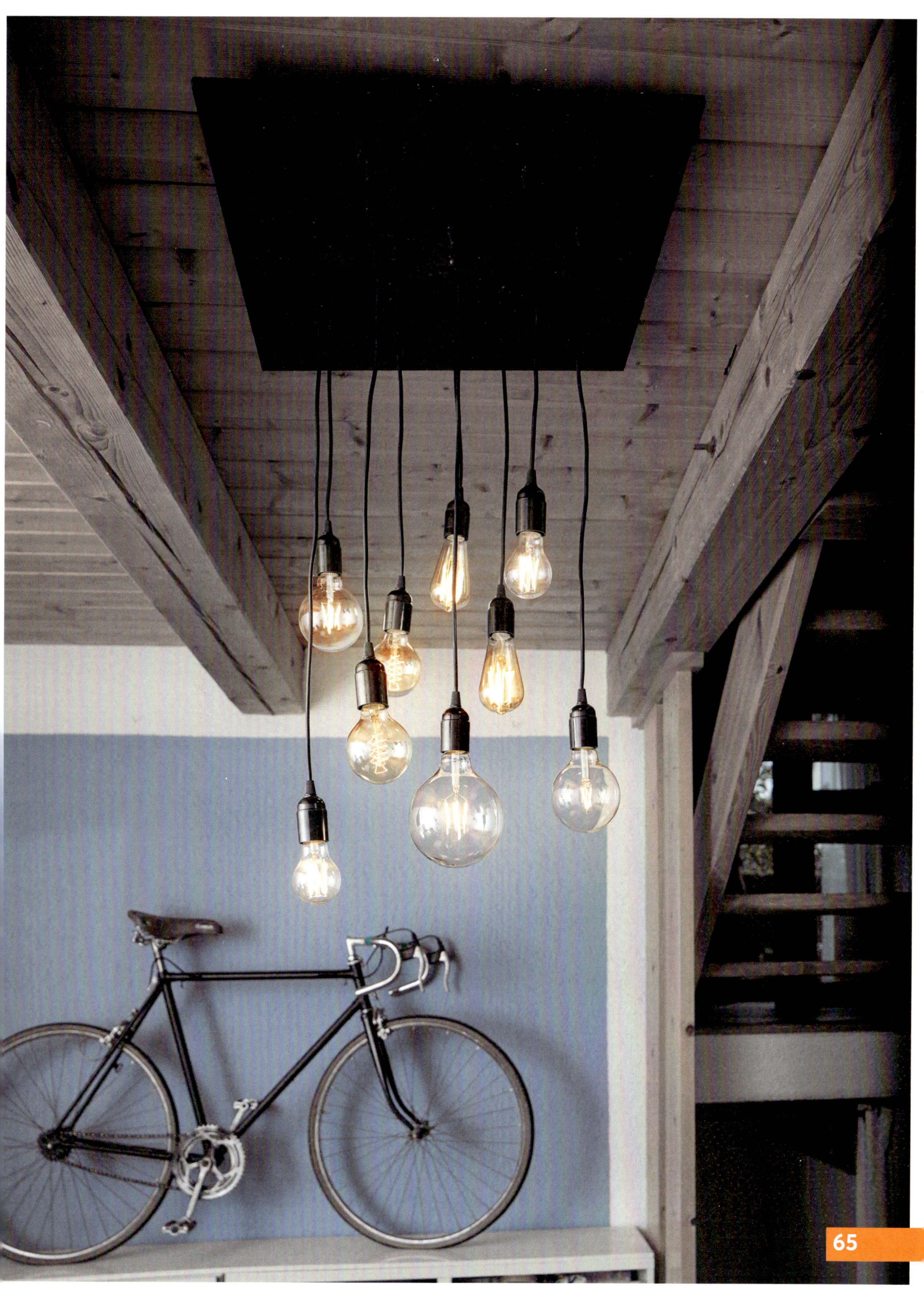

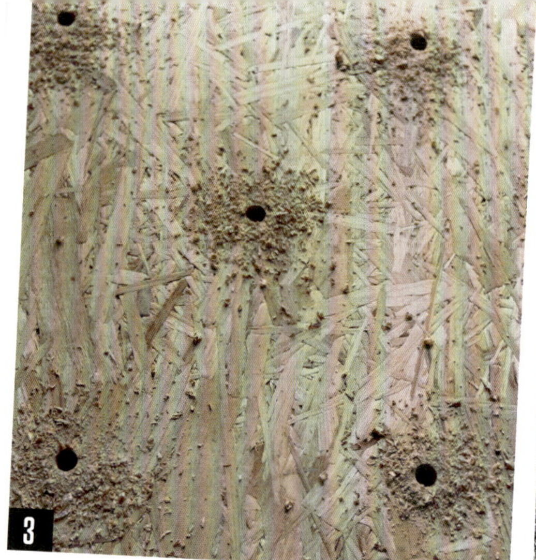

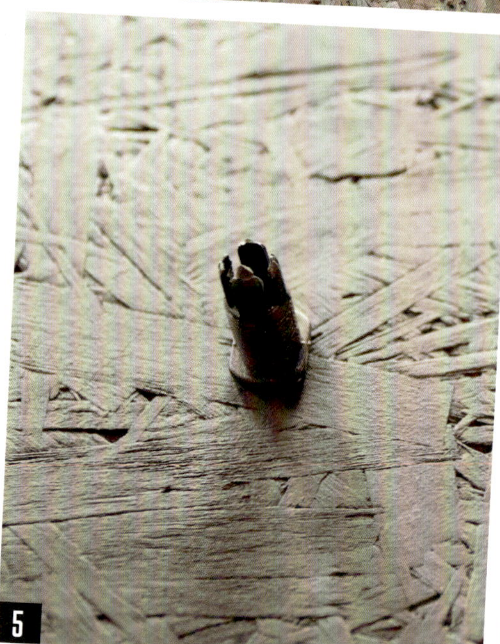

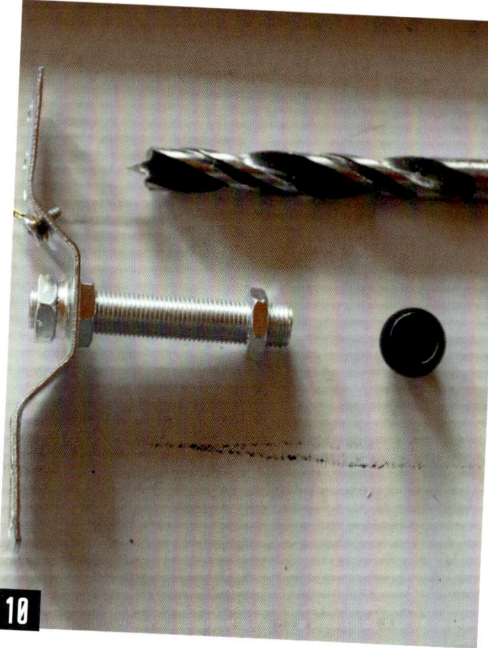

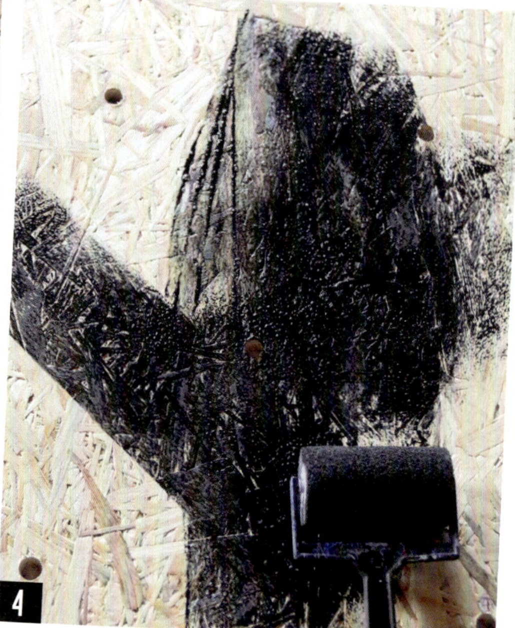

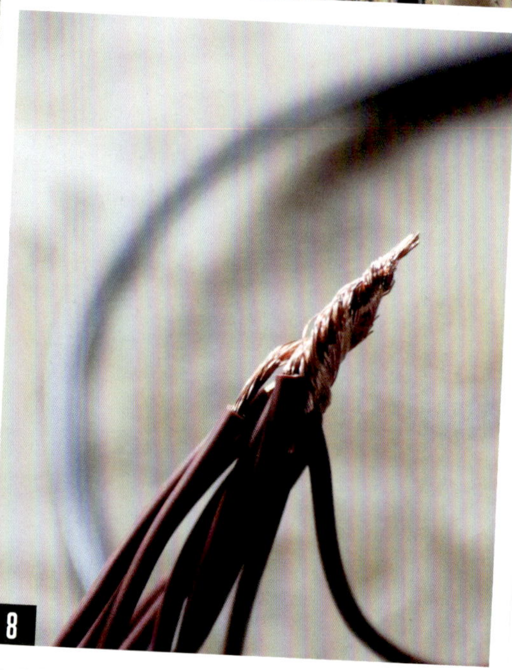

12 Die Glühbirnen in die Fassungen eindrehen.

13 Mit den Kabelbolzen nun die Kabellänge bzw. Lampenhöhe bestimmen und festdrehen.

TIPP:
Verwenden Sie verschiedene Lichtnuancen.

STEHLAMPE
MIT RETRO-GLÜHBIRNE

MATERIAL

- Kupferrohr, ø 18 mm, 2 m lang
- 2 Kupferwinkel, 90 °, 2 Muffen, 18 mm
- 1 T-Stück Kupfer, 18 mm
- 20 cm Marderschutzschlauch für Kabel, ø 1,5 cm
- Plastikgefäß von Süßigkeiten, z. B. Gummibärchen, ø 20 - 25 cm
- Sprühdose Klarlack in Matt
- Papierküchentuch
- Retro-Glühbirne
- Glühbirnenfassung, rostfarben aus Metall für E27 Kurzgewinde
- 2 Kabelbolzen mit Kabeldurchführung in Schwarz
- Elektroschalter in Schwarz zum Selbermontieren
- 1 Stecker für Netzsteckdose in Schwarz zum Selbermontieren
- Textilkabel in Braun-Schwarz gemustert, H03VV-F 3 x 0,75 mm², 3,5 m lang
- Elektroschraubenzieher
- Kabelzange
- Kabelabisolierer
- Tesafilm
- Rohrabschneidegerät für Kupferrohre
- Eimer, 10 l
- Alter Holzlöffel
- Packung Kreativbeton oder Fließestrich oder Beton
- Brennspiritus
- Kleber „Kleben statt bohren" oder Heißkleber
- 3 Filzmöbelaufkleber, ø 2 cm

1 Beton wie in der Herstelleranleitung anrühren.

2 Am unteren Ende des T- Stücks eine Muffe mit Papiertaschentuch oder Rundholz verstopfen sowie die Muffe am langen Ende. In die andere Muffe wird der Marderschutzschlauch einmal bis zum Anschlag eingeführt. Das T-Stück in der Mitte der Plastikschale platzieren. Das andere Ende des Marderschutzschlauches passend kürzen auf den Außenrand der Schale. Eventuell bei einem dicken Sockel eine kleine flache Schachtel unter das Kupferstück legen. Das Ende ebenso gut mit Papiertuch verstopfen.

3 Das Konstrukt mit einer Hand gut festhalten oder mithilfe einer zweiten Person. Den Beton langsam bis auf die gewünschte Höhe einfüllen.

4 Während das Ganze trocknet, wird das Kupferrohr mit dem Rohrabschneider auf die Länge 25 cm und 175 cm gekürzt.

5 Die Kabel werden vorbereitet. Es wird das erste Kabel (Glühbirne bis Schalter) abgeschnitten. Hier sollte darauf geachtet werden, dass für die Installation auf jeder Seite 7 cm Material zusätzlich einberechnet wird.

6 Das Textilgewebe mit Tesafilm auf dem Hauptkabel fixieren, sodass dieses nicht schrumpft bzw. wegrutscht oder sich beim Durchschieben durch die Rohre verkeilt.

7 Wenn der Sockel nach ein paar Stunden getrocknet ist, aus der Schale stülpen und die Papiertücher aus den Öffnungen entfernen. Sockel noch weiter austrocknen lassen.

8 Zeitung ausbreiten und nach der Trocknung den Sockel mit Klarlack einsprühen. Hier kann ruhig zu viel oder an manchen Stellen mehr verwendet werden, so entstehen noch tolle Betoneffekte auf der Oberfläche.

9 Kabel durch den Sockel und durch die entsprechenden Rohre schieben. Es geht einfacher, wenn die Rohre noch nicht ineinander gesteckt sind. Am Ausgangsloch des Sockels auf das Kabel den Gewindeteil des Kabelbolzens aufstecken und den Deckel nachschieben.

10 Rohre mit Spiritus entfetten und zusammenkleben.

11 Am Ende wieder einen Kabelbolzen aufschieben und dann die Fassung und den Schalter nach Herstelleranleitung mit dem Kabel verbinden. Hier ist es hilfreich, das Textilkabel wieder entsprechend auf dem Hauptkabel zu fixieren, sodass dieses gut angepasst im Plastikgehäuse sitzt.

12 Bei der Montage des Schalters beachten, dass noch das zweite Kabel angeschlossen wird.

13 Es folgt noch als letztes die Montage des Stromsteckers.

14 Die Kabelbolzen werden nun richtig platziert und befestigt. Am Sockel wird der Gewindeteil in die Sockelöffnung eingeführt und mit Heißkleber befestigt. Mit dem Gegenstück wird das Kabel entsprechend fest fixiert. Der Kabelbolzen an der Fassung dient nur zur Optik, daher muss dieser nicht unbedingt festgeklebt, sondern einfach nur leicht arretiert werden.

15 Die drei Filzaufkleber an die Unterseite des Sockels kleben. Zuletzt die Glühbirne einstecken.

TIPP:

Die Lampe bekommt noch mehr Stabilität und Baumarkt-Charme, wenn sie traditionell gelötet wird.

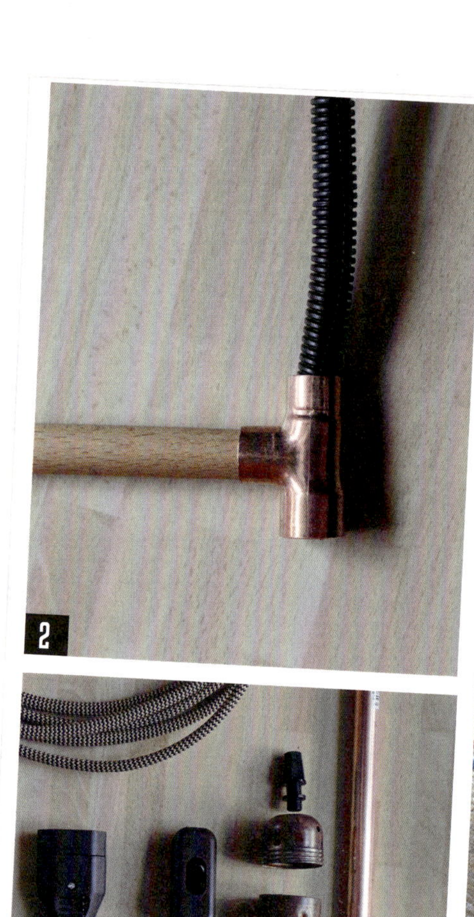

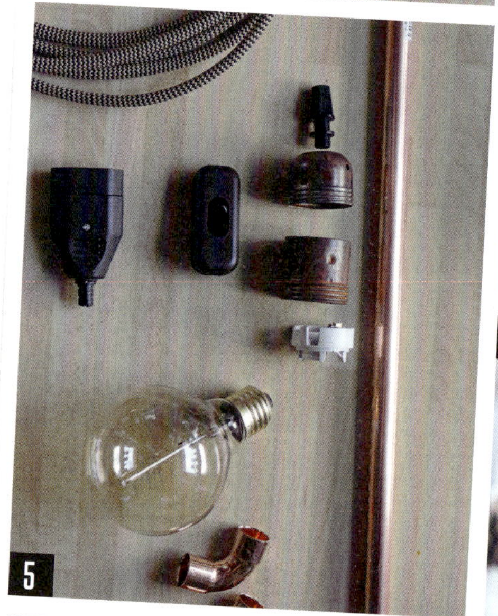

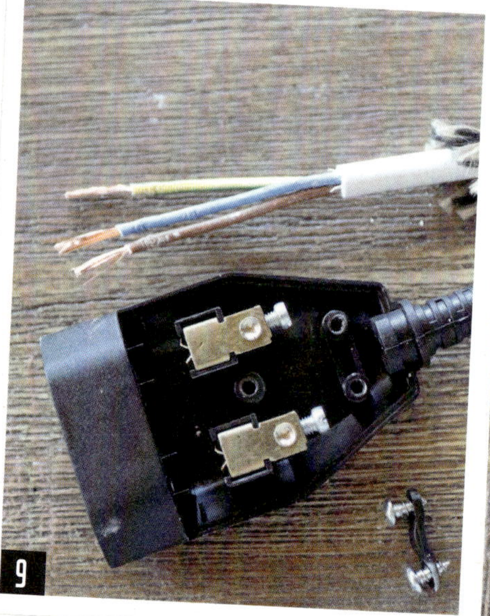

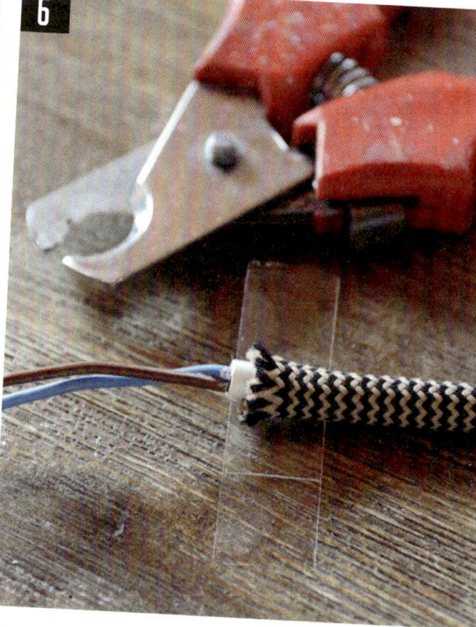

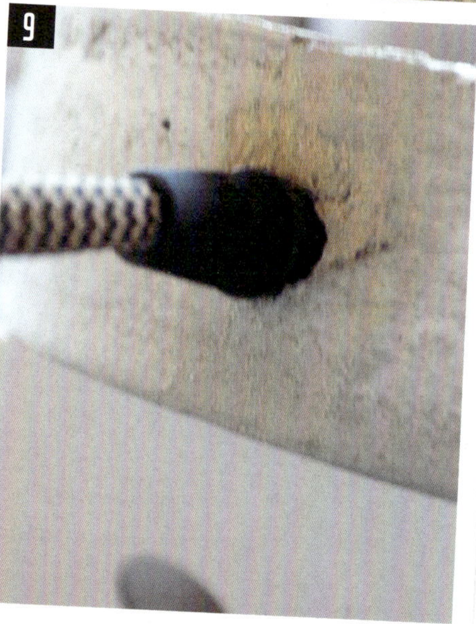

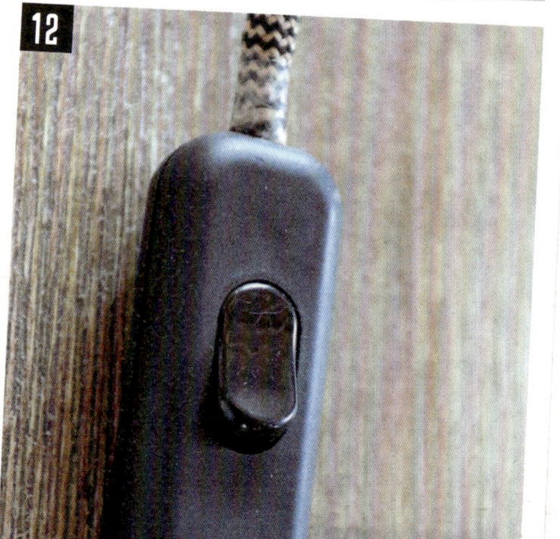

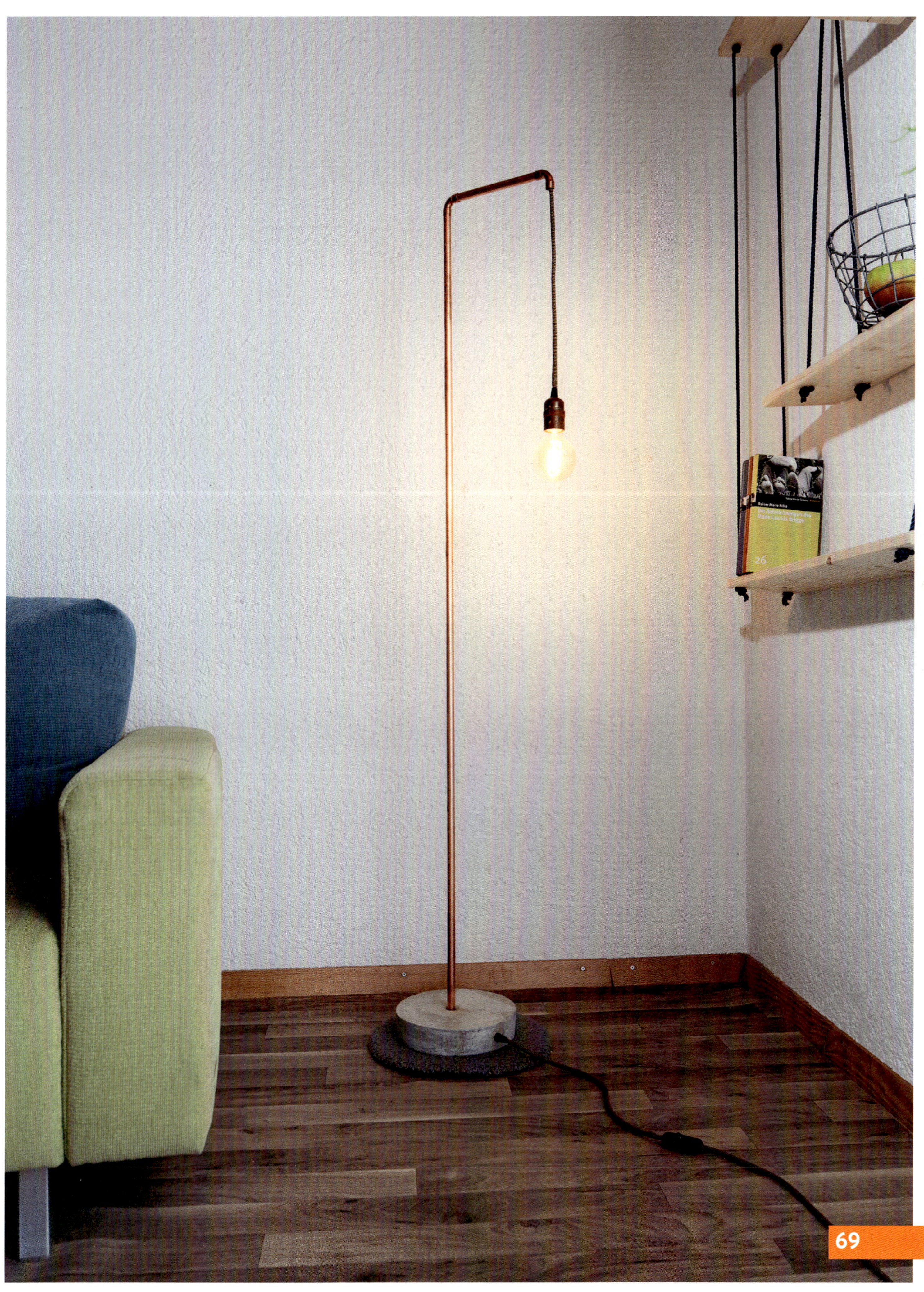
Rainer Maria Rilke
26

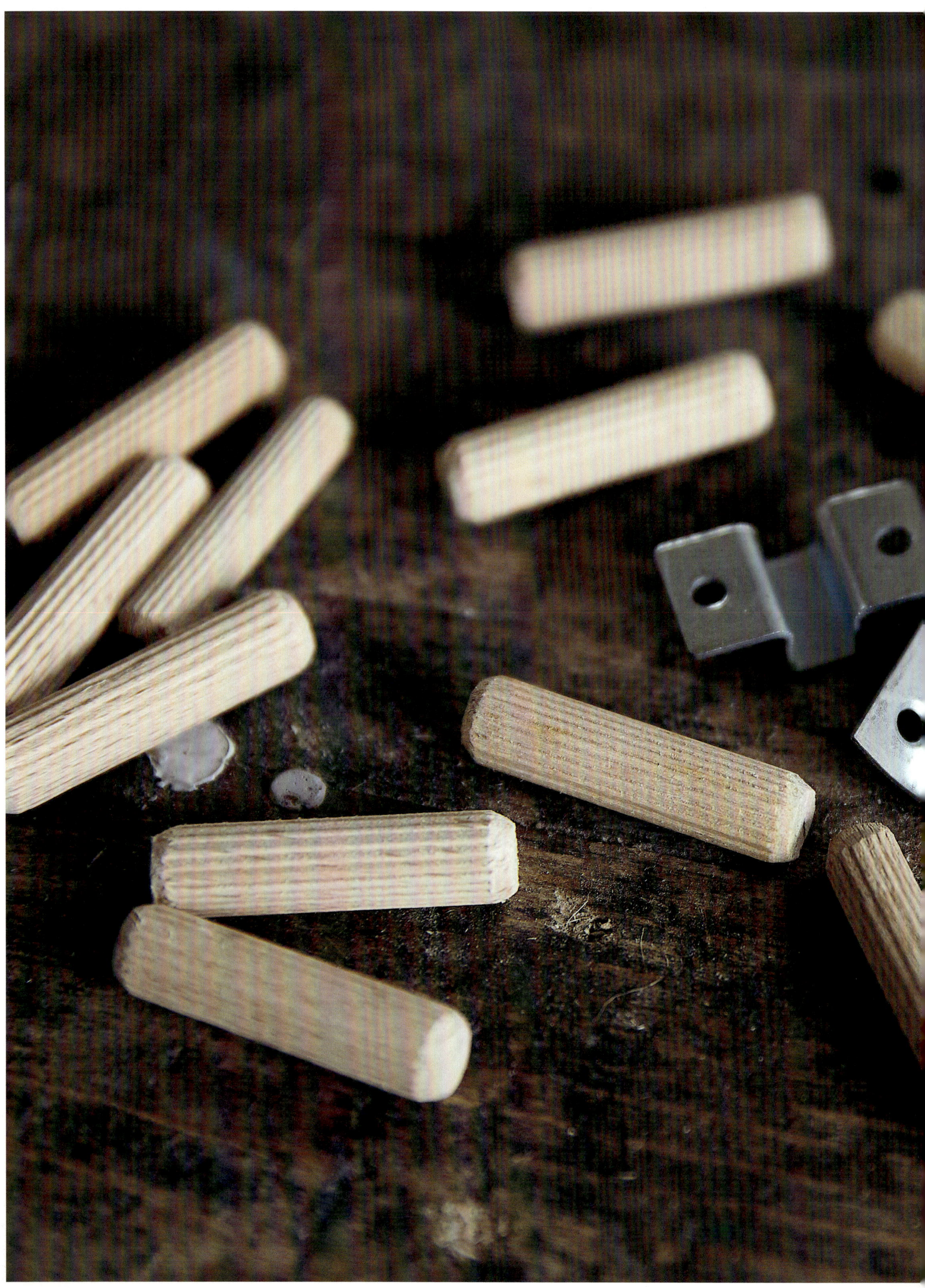

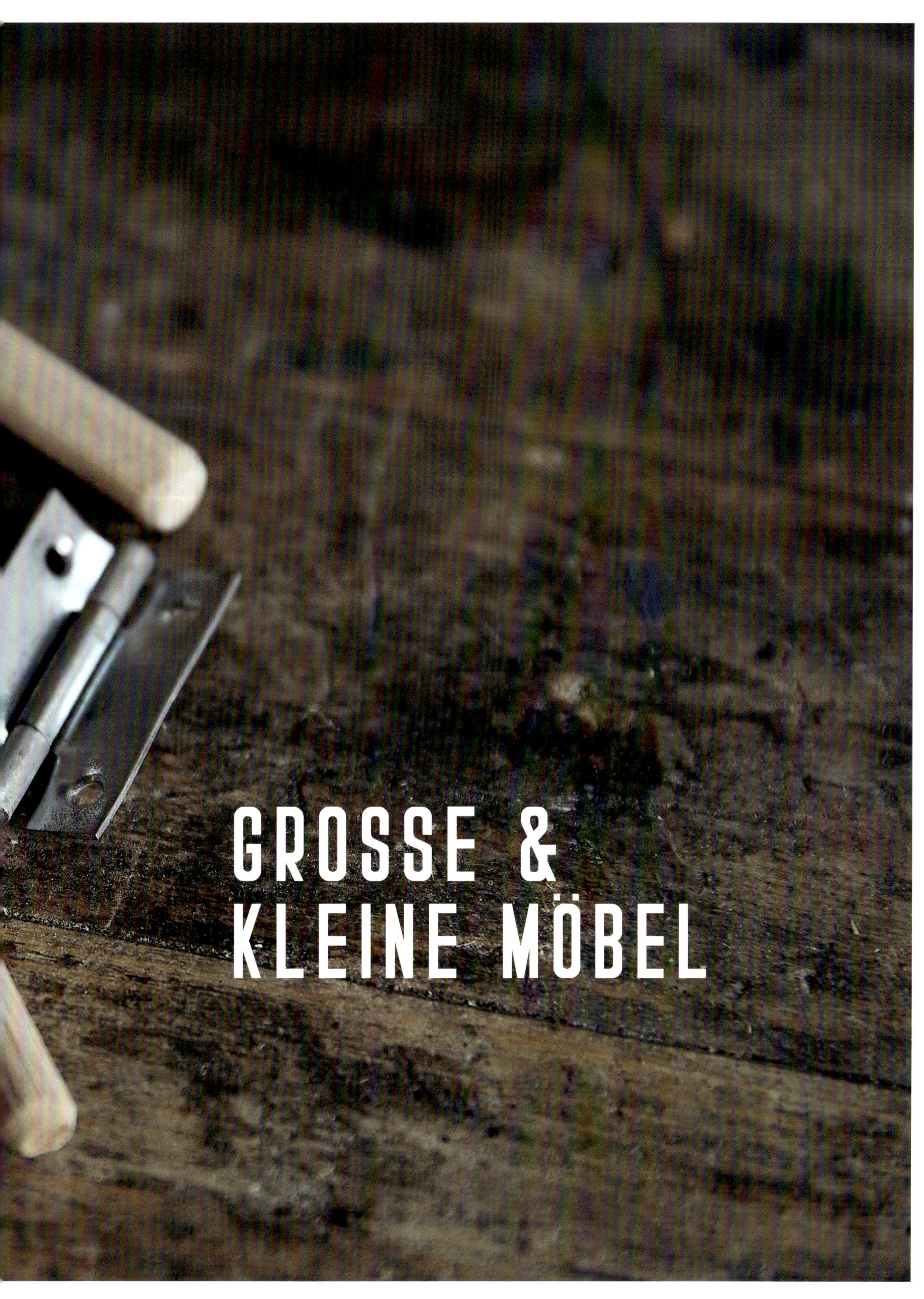

GROSSE & KLEINE MÖBEL

NACHTTISCH
MIT SCHICKER FRONT

MATERIAL

- 2 Tischlerplatten, 22 mm stark, 20 cm x 22 cm (Seite)
- 2 Tischlerplatten 22 mm stark, 52 cm x 22 cm
- 1 Tischlerplatte, 22 mm stark, 47,5 cm x 5 cm (Rücken)
- 2 Streifen einer Tischlerplatte, 2x 52 cm
- 2 Streifen einer Tischlerplatte, 2x 20 cm
- Klavierband
- 12 Flachkopfschrauben, 1,6 cm lang
- 4 Latten, gehobelt/gefast, 2,5 cm x 4,5 cm x 43 cm
- Rattangeflecht, 24 cm x 51 cm
- Schere
- Holzleim
- Holzbohrer, 2 mm
- Tacker
- 8 Schrauben, 3 cm lang
- 2 Schraubzwingen, mind. 25 cm lang
- Holzlasur in Hellgrau
- Schaumstoffwalze

1 Sägekanten mit Schleifpapier glätten.

2 Holzflächen außer den Sägekanten mit Farbe einwalzen. Nach der Trocknung eventuell nochmals glätten und erneut streichen.

3 Dann Schrankkorpus zu zweit aufstellen und die Kontaktflächen mit Bleistift markieren. Diese Kontaktflächen nochmals mit dem Schleifpapier etwas von der Farbe befreien bzw. anrauen, damit der Leim besser hält.

4 Kontaktflächen mit Leim versehen. Mit den Schraubzwingen zusammenpressen und trocknen lassen. Überflüssigen Leim mit einem feuchten Tuch entfernen.

5 Schrankbeine mit 15 Grad auf jeder Seite kappen.

6 Korpus auf die Seite legen. Beine ausrichten und mit je zwei Schrauben festschrauben. Eventuell vorbohren, um ein Spalten des Holzes zu vermeiden.

7 Restliche Leisten auf einen flachen Untergrund wie einen Rahmen legen. Kontaktflächen mit Leim versehen und mit Schraubzwingen entsprechend mindestens 4 Stunden trocknen lassen. Überflüssigen Leim mit feuchtem Tuch entfernen.

8 Nach der Trocknung das Rattan auf die Rückseite tackern.

9 Klavierband eventuell kürzen und an Tür und Schrank montieren. Zu zweit geht es besser.

10 Restholz in die Rückwand einfügen und auch verleimen. Mit den Schraubzwingen anpressen.

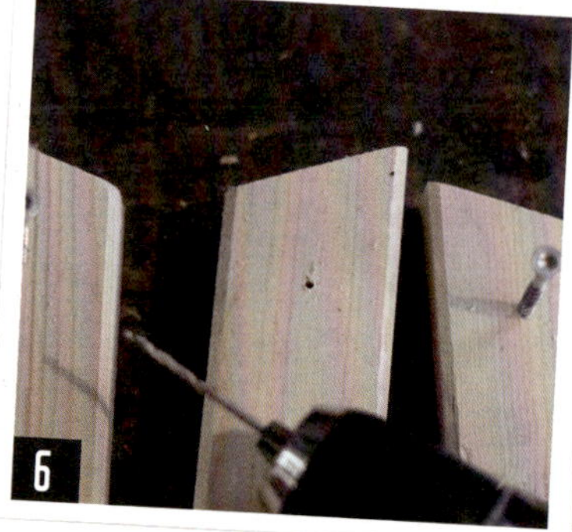
6

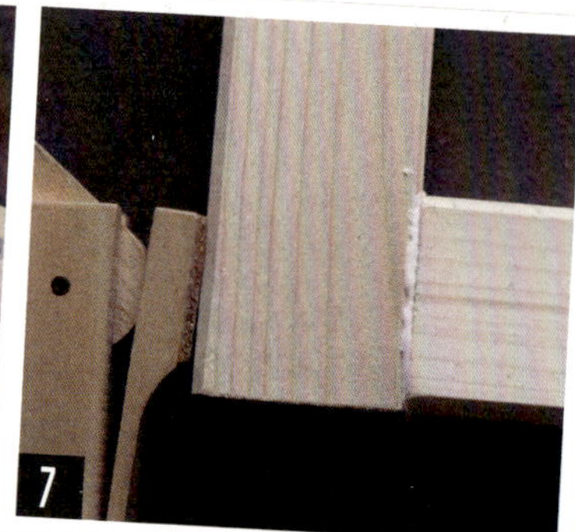
7

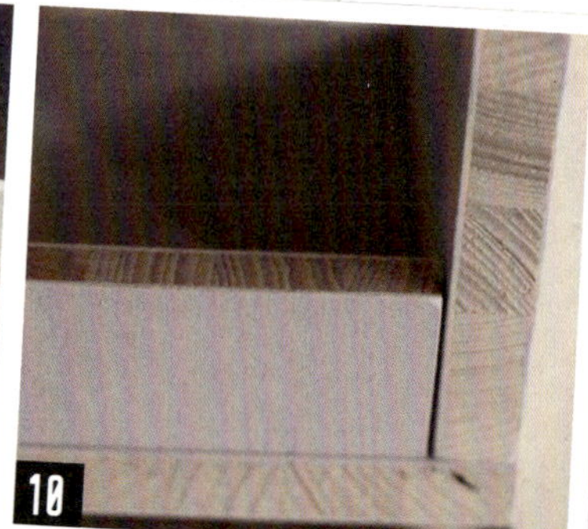
10

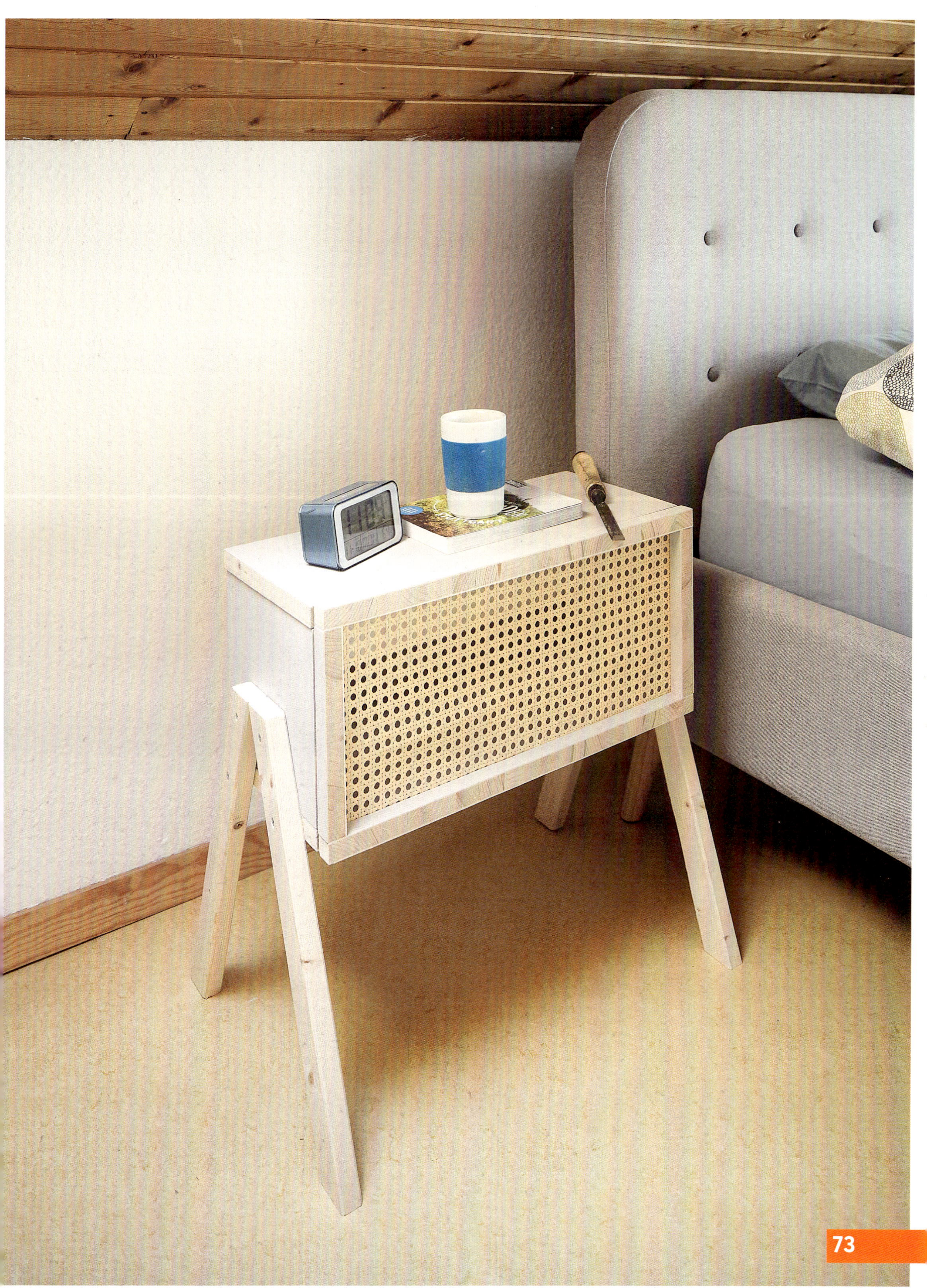

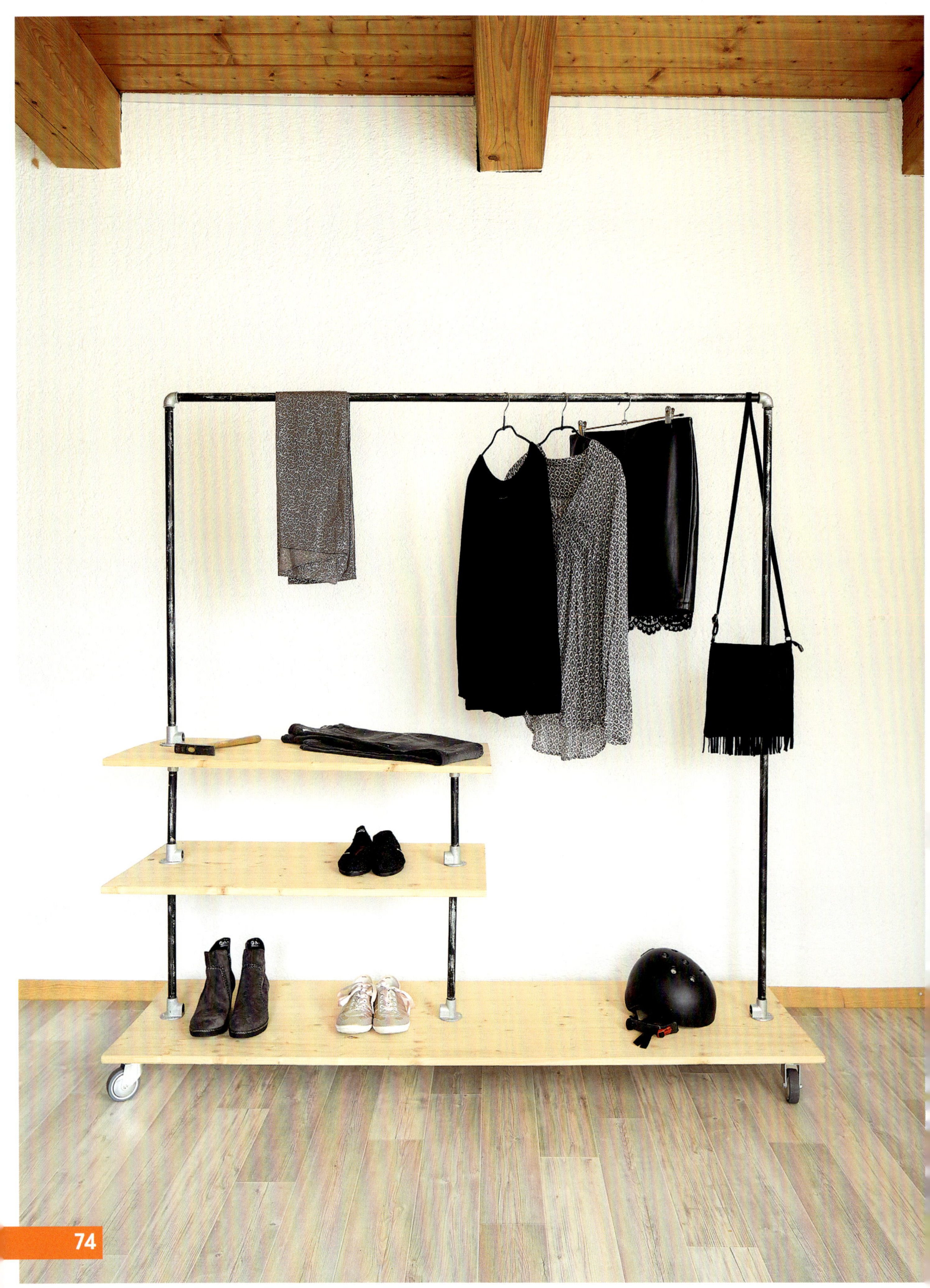

GARDEROBE AUS ROHREN

MATERIAL

- 2 Kiefernbretter gefast, 40 cm x 3 cm x 90 cm
- 1 Kiefernbrett gefast, 40 cm x 3 cm x 170 cm
- 4 Rollen, ø 5 cm mit Schraubplatte zur Montage am Brett (eventuell auf Wunsch 2 Rollen mit Bremse)
- 50 Torx- Schrauben, 2 cm lang
- 6 Schrauben, ø 4 mm, 4 cm lang mit passender selbstsichernder Mutter
- 2 Bögen, verzinkt, kurz 90°
- 9 Wandscheiben, verzinkt
- 2 Wasserleitungen, 155 cm lang, verzinkt je mit einem Gewinde am Rohrende
- 2 Wasserleitungen, 20 cm lang, verzinkt je mit einem Gewinde am Rohrende
- 2 Wasserleitungen, 30 cm lang, verzinkt je mit einem Gewinde am Rohrende
- 1 Wasserleitung, 80 cm lang, verzinkt je mit einem Gewinde am Rohrende
- Stahlbürste
- Schleifpapier, 120er Körnung
- Spray Acryllack in Schwarz matt
- Papiertuch oder alter Lappen
- Brennspiritus
- Wasserwaage
- Akkuschrauber
- 4er Bohrer
- Gabelschlüssel

1 Langes Brett auf einen flachen Untergrund legen.

2 Die Rollen in den Ecken platzieren mit einem Abstand von 2 cm vom Außenrand. Sollten zwei Rollen mit Bremsen verwendet werden, diese so platzieren, dass sie später auch gut wieder mit dem Fuß gelöst werden können. Rollen mit je vier Schrauben anschrauben.

3 Brett wenden und die Bremsen agitieren lassen oder das Brett per Unterlegen eines Keils am Wegrollen hindern.

4 Die Rohre mit Brennspiritus und Lappen entfetten bzw. entstauben.

5 Rohre mit je 2 cm Abstand auf einen Karton legen und mit der aufgeschüttelten Sprühfarbe ansprühen. Nur leicht deckend ansprühen, so trocknet alles schneller und bleibt nicht am Karton kleben. Rohre drehen und erneut ansprühen.

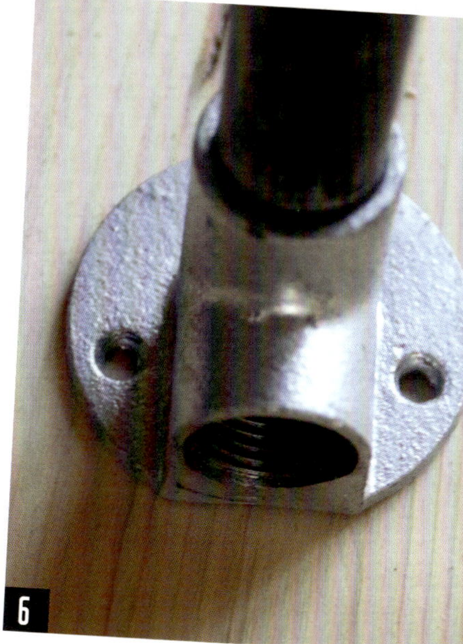
6

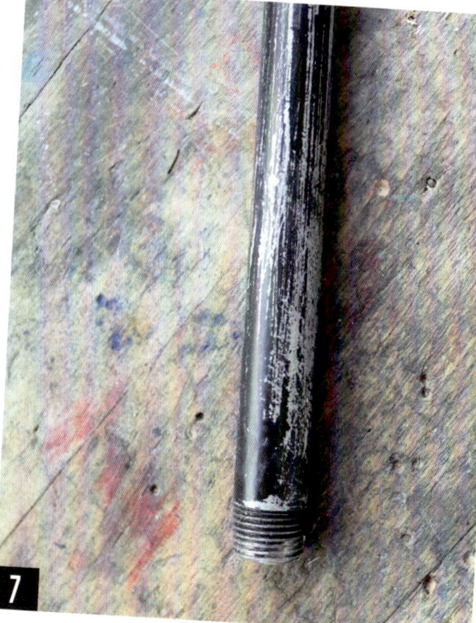
7

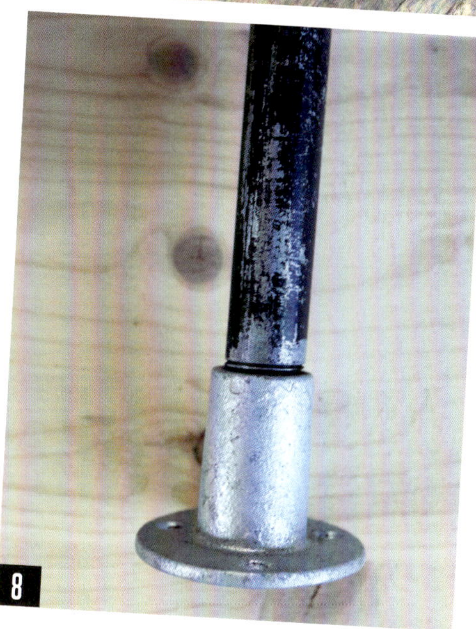
8

6 Nach der Trocknung von mindestens 2 Stunden die Rohre mit der Bürste leicht bürsten, um einen schönen Used-Look zu erhalten.

7 Die Rohre an jedem Ende mit den entsprechenden Bögen oder Wandscheiben verbinden.

8 Die 30er-Kombination mittig mit je 3 cm Abstand von der Außenkante auf eines der kürzeren Bretter schrauben.

9 An dieses Brett wird nun die 20er-Kombination von der Gegenseite geschraubt. Hierzu sollte darauf geachtet werden, dass die Wandscheibe einen halben Zentimeter versetzt ist, damit die Schrauben sich nicht mit den Schrauben auf der Brettrückseite treffen.

10 Das andere kleine Brett auf die 20er-Kombination schrauben.

11 Bitte nehmen Sie sich eine zweite Person zur Hilfe. Nun der Reihe nach die restlichen Verbindungen und Rohre zusammenfügen bzw. drehen. Mit dem 80er-Rohr beginnen, dann den oberen Bogen und dann die Senkrechtstange zusammenfügen.

12 Zu zweit das Konstrukt auf das lange Brett stellen und so austarieren, dass die unteren Stand-Wandscheiben je den gleichen Abstand zum Rand haben. Die Bohrlöcher anzeichnen und durchbohren.

13 Die metrischen Schrauben durchführen und mit der Mutter auf der Unterseite des Brettes kontern.

14 Mit der Wasserwaage die Bügelstange überprüfen. Gegebenenfalls Rohre fester verbinden oder etwas aus dem Gewinde rausdrehen.

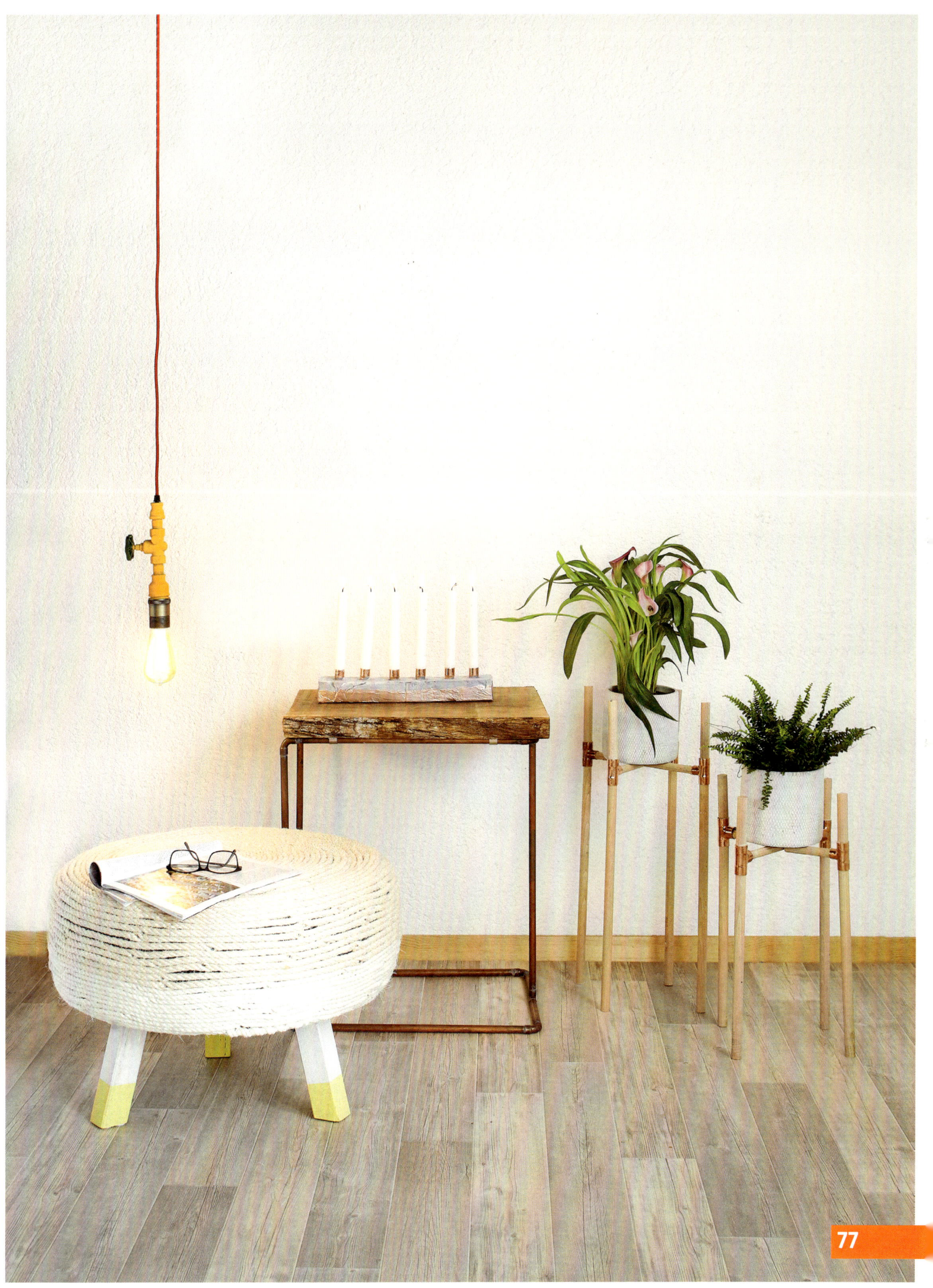

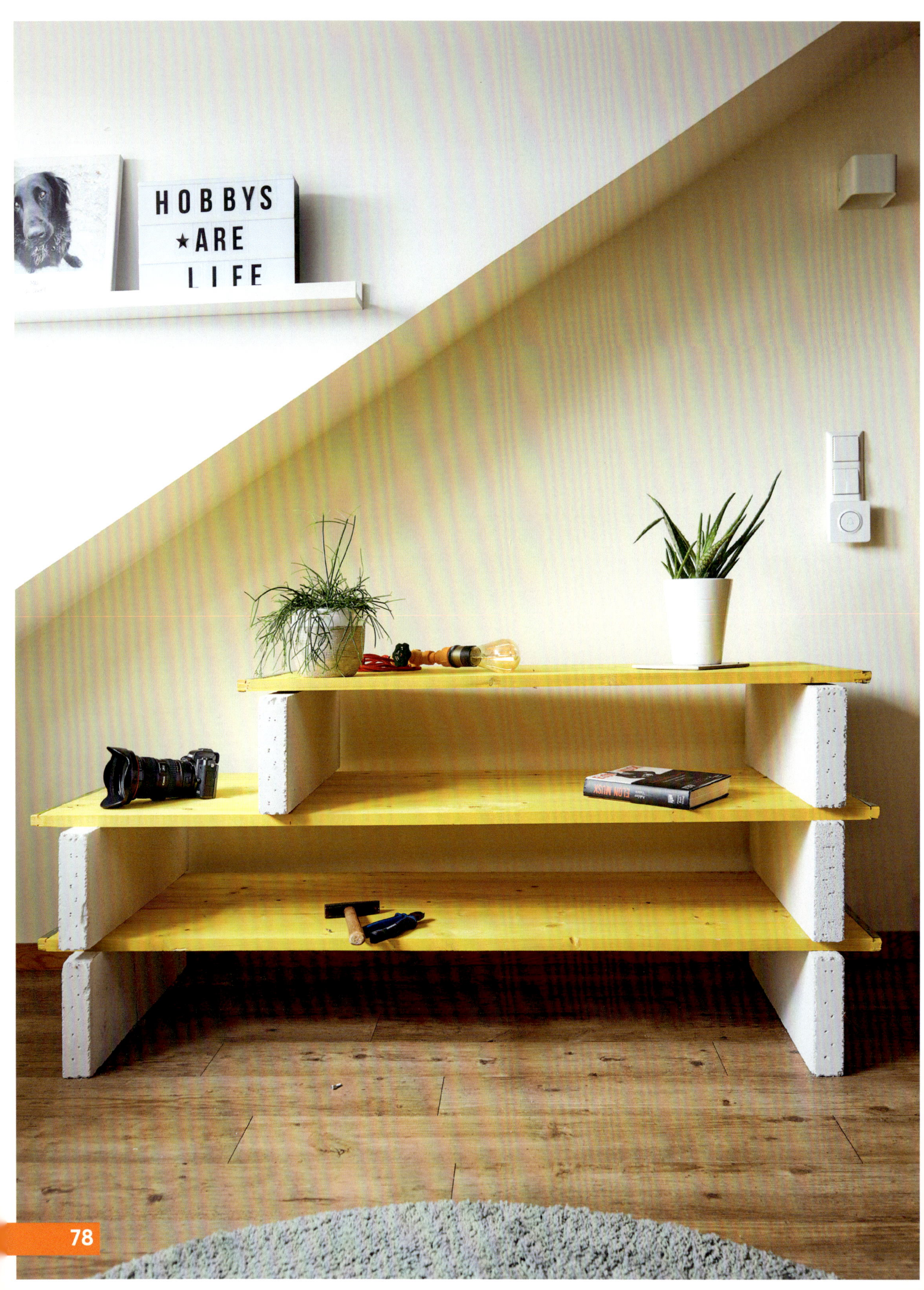
HOBBYS
★ARE
LIFE

SIDEBOARD IN GELB

MATERIAL

- 6 Yton-Steine
- 3 Schalbretter in Gelb mit Metallkante
- Handkreissäge (optional falls wegen Dachschräge ein Brett gekürzt werden muss)

TIPP:

Man kann auch andere Bretter nehmen und sie Gelb anmalen.

Es gibt auch sehr schöne Steinwürfel mit runden Öffnungen, welche zusätzlich beleuchtet oder mit Flaschen aufgefüllt werden können.

1 Yton-Steine aufstellen und entsprechend ein Brett ausrichten.

2 Vorgang wiederholen.

WEINKISTEN-
WAGEN

MATERIAL

- 2 Deko-Weinkisten in Weiß lasiert
- 4 Bretter, 5 cm x 50 cm x 1 cm
- 16 Holzschrauben, 2 cm lang
- 4 Möbelrollen, ø 4,5 cm, mit je 4 entsprechenden Schrauben

1 Eine Kiste auf den Kopf drehen. In den Ecken die Räder platzieren und entsprechend festschrauben.

2 Die zwei Kisten auf die schmale Seite stellen und die Wagenhöhe entsprechend stellen.

3 Zwei Bretter als Dreieck nach oben ausgerichtet legen und mit den kurzen Schrauben in jeder Brettecke festschrauben.

4 Bretter an der zweiten Kiste festschrauben.

5 Den halbfertigen Wagen drehen und die zwei restlichen Bretter auflegen und ausrichten. Danach festschrauben.

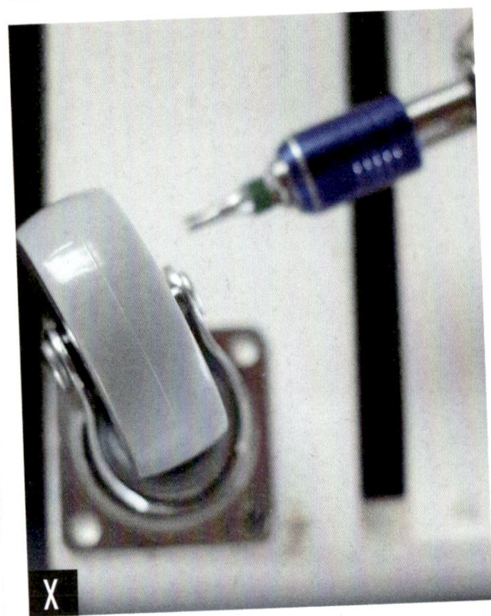

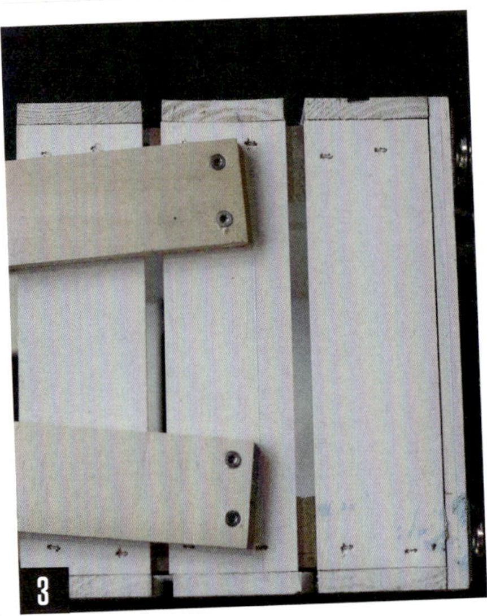

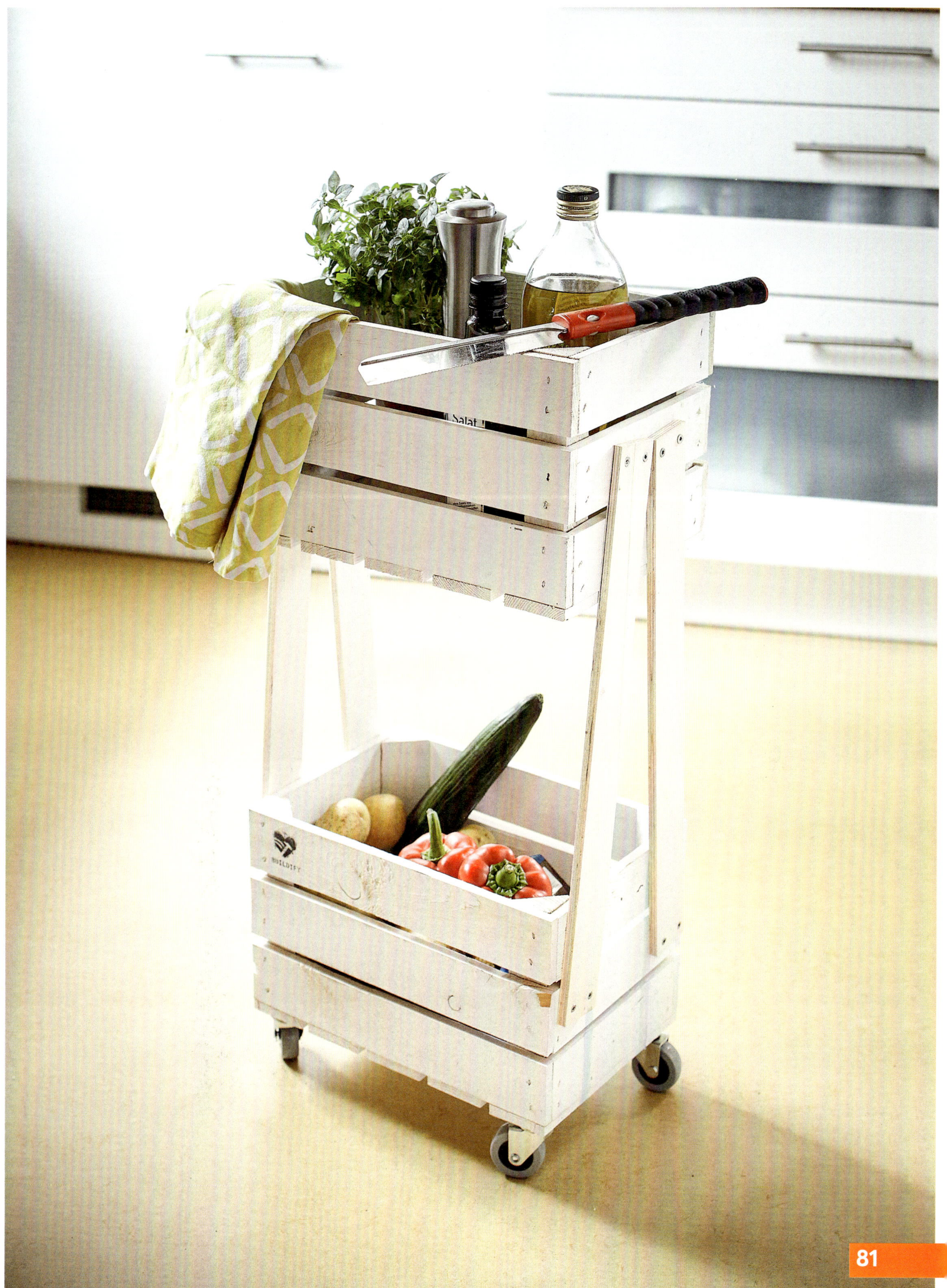
Salat
BUILDIFY

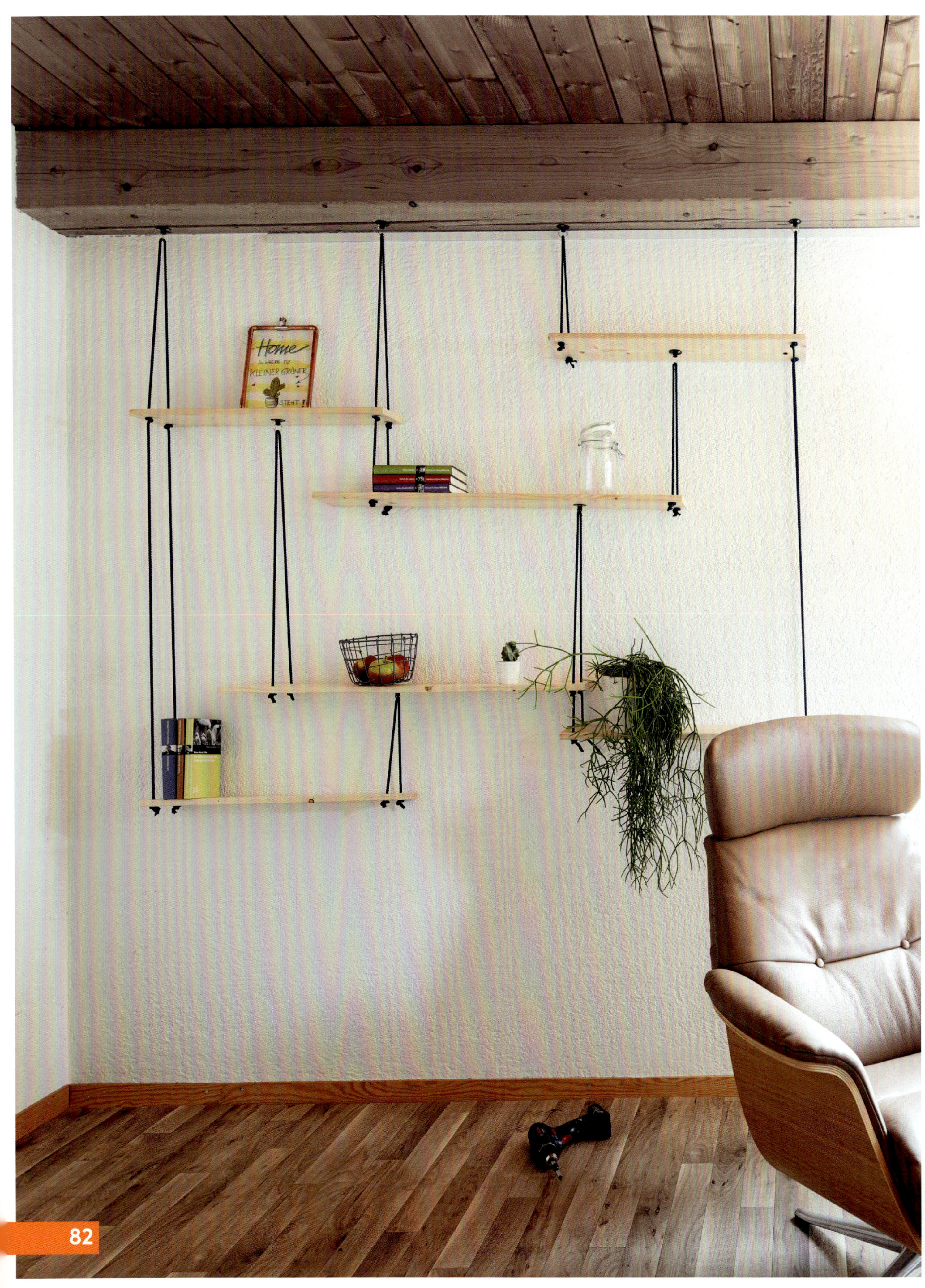
Home
KLEINER GRÜNER
STEHT !

SEILREGAL ALS HINGUCKER

MATERIAL

- 4 Kiefernbretter, gefast, 2 cm x 14 cm x 70 cm
- 2 Kiefernbretter, gefast, 2 cm x 14 cm x 100 cm
- Seil in Blau, ø 6 mm, 25 m lang
- 8 Torx- Schrauben, 1,6 cm lang
- 8 Torx- Schrauben, 3 cm lang (für die Kleiderhaken an einem Holzbalken)
- Lampenkabel Halter in Schwarz
- Schleifpapier, 180er Körnung
- Holzbohrer, 6er
- 4 Kleiderhaken in Schwarz oder Deckenhaken (das kommt auf Ihre Montagewahl an)
- Wasserwaage

1 Die vier kurzen Bretter mit einem Abstand von 5 cm von der kurzen Seite und 2 cm von der langen Seite mit je vier Löchern versehen.

2 Bei den zwei längeren Brettern wird je nur eine kurze Seite gebohrt wie in Position 1 beschrieben. Die anderen Löcher werden der Brettaufhängung der obersten Bretter angepasst (siehe Foto). Hier wäre es am besten, die Bretter einmal so auf dem Boden anzuordnen, damit die Bohrlöcher bestimmt werden können.

3 Die Kanten entgraten sowie die Bohrlöcher mit dem Schleifpapier glatt schleifen.

4 Kleiderhaken an der Wand in gleichmäßigen Abständen montieren.

5 Die vier senkrechten Hauptseile an die Haken hängen und die Länge auf Ihre Wand abstimmen. Für die Knoten jeweils immer 5 cm miteinplanen.

6 Mit der ersten Brettreihe oben beginnen und die Bretter einfädeln. Eventuell eine zweite Person zur Hilfe nehmen oder die erste Reihe erstmals auf dem Boden montieren und danach einhängen. Die Wasserwaage zur Hilfe nehmen.

7 Das mittlere Brett unter den obersten Brettern anlegen und die Bohrlöcher bestimmen. Diese entsprechend bohren und entgraten.

8 In der obersten Reihe an die Unterseite des Brettes die Kabelhalterung mittig schrauben mit den kurzen Schrauben. Das Seil in entsprechender Länge montieren.

9 So die Montage wiederholen.

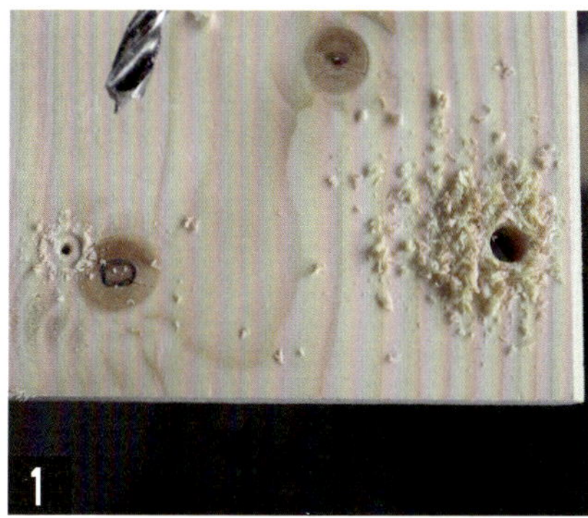
1

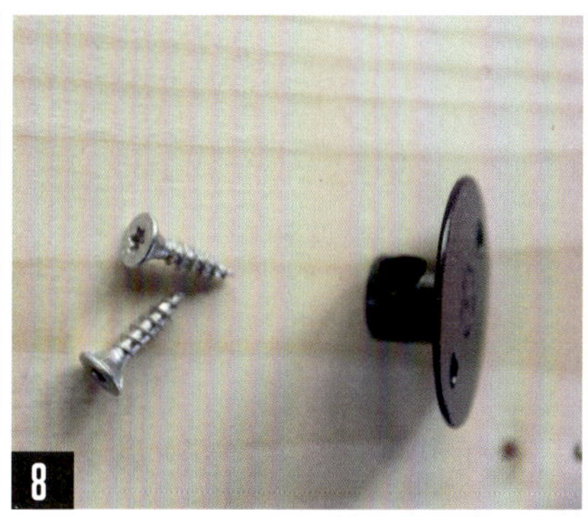
8

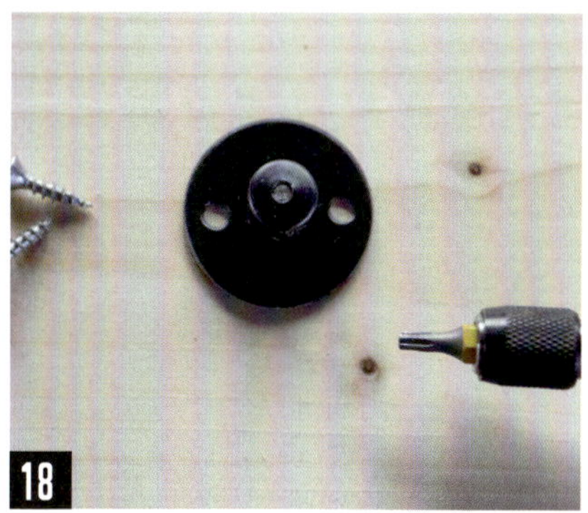
18

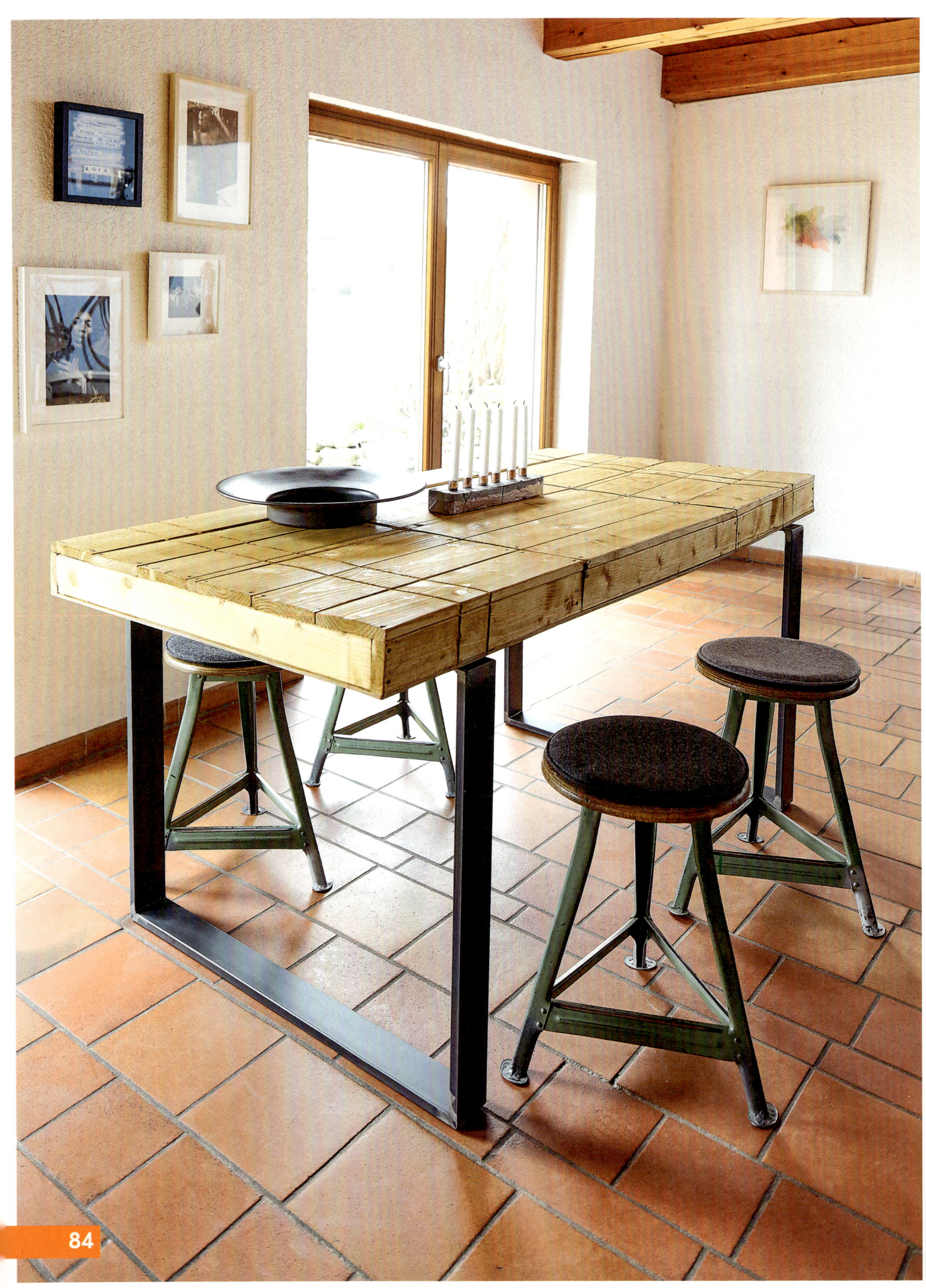

ESSTISCH
MIT GEHEIMFACH

MATERIAL

- Buchenpappelholzplatte, 6 mm stark, 86 cm x 189 cm
- ca. 80 Torx Schrauben, 3,5 cm lang
- 12 Torx Schrauben, 5 cm lang
- 12 Torx Schrauben, 1,6 cm lang (für Schubladenscharnier)

- Kiefernbretter gefast:
- 2x à 7,5 cm x 189 cm x 2,5 cm (Außenrand von Tisch)
- 2x à 7,5 cm x 81,5 cm x 2,5 cm (Außenrand von Tisch)

- Kiefernbretter gefast:
- 8x à 54,5 cm x 2,5cm x 8 cm (Tischplatte)
- 4x à 68 cm x 2,5 cm x 8 cm (Tischplatte)
- 2x à 189 cm x 2,5 cm x 8 cm (Tischplatte)

- Latte gefast:
- 2x à 54,5 cm x 2,5cm x 2,5 cm (Tischplatte)
- 1x à 68 cm x 2,5 cm x 4,5 cm (Tischplatte)

- 2 Latten à 58 cm x 4 cm x 8 cm (Unterkonstruktion Tischplatte innen)
- 2 Latten à 60 cm x 2 cm x 2 cm (Unterkonstruktion Schublade)
- Tischbeine-Set Stahl geschweißt in Grau industriell, 90 cm breit
- 4 Schaumstoff-Polsterklebepunkte
- 10 Schrauben M8, Unterlagscheiben und passende Muttern, 3 cm lang
- Gabelschlüssel und Ringschlüssel
- Bohrer, 8 mm
- Japansäge
- Oberfräse
- Pinsel, 4 cm breit
- Schleifpapier, 240er Körnung
- Schleifklotz
- Lack, Kieferfarben

1 Alle Sägekanten mit Schleifpapier entgraten.

2 Kiefernbretter, die dem Tischaußenrand dienen, auf den Boden legen und so auslegen, dass die kurzen Seiten zwischen den langen Brettern liegen. Für diesen Rahmen mit den langen Schrauben je Brett zwei Stück zusammenschrauben.

3 Brett auflegen und ausrichten, sodass alles gleichmäßig überdeckt ist.

4 Im Abstand von 20 cm je eine Schraube einschrauben. Schraubenköpfe versenken.

5 Tischbeine auf die Platte legen. Die Bohrlöcher bzw. vorgegebenen Löcher der Tischbeine übertragen und anschließend bohren und mit Schleifpapier entgraten. Darauf achten, dass mit wenig Druck und viel Geschwindigkeit gebohrt wird. So franst das Bohrloch auf der anderen Seite nicht aus.

6 Tisch zu zweit umdrehen. Auf die Tischbeine stellen und streichen. Nach der Trocknung die Tischbeine befestigen, indem von unten die Schraube durch Tischbeinloch und Tischbohrung geführt wird. Dann die Unterlegscheibe auflegen und die Mutter von Hand festdrehen. Mit dem entsprechenden Werkzeug anschließend alles festschrauben.

7 Alle Bretter und Latten von beiden Seiten streichen. Bei Bedarf nochmals die gestellten Holzfasern abschleifen und nochmals streichen. Dies kommt aber bei der gewählten Qualität selten vor. Die zwei langen Bretter an einer Seite auflegen und aneinandergelegt festschrauben.

8 Je von der Außenseite die 54,5 cm langen Bretter auflegen. Die innenliegenden Kanten mit den Unterkonstruktionslatten „Tisch innen" unterlegen und so ausrichten, dass die Brettkante mittig aufliegt. Die Leiste stößt am Tischrahmen an. Bretter festschrauben.

9 Die Latten je mit zwei langen Schrauben von außen festschrauben.

10 Mit der Japansäge das Zwischenteil zwischen den Latten vom Tischrahmen mit je einem Schnitt links und rechts durchsägen.

11 Als nächstes werden die Bretter auf den Tisch links und rechts gelegt und bündig ausgerichtet. Diese sollten bündig Brett an Brett liegen, um einen Spalt zu vermeiden. Da eine Aussparung übrigbleibt, wird in der Mitte also an 4. Stelle in allen drei Abschnitten immer die Latte eingefügt und festgeschraubt.

12 Nun kommt die Schublade dran. Das erste 68er-Brett wird auf das abgesägte Tischrahmenbrett gelegt und festgeschraubt.

13 Dieser Tischrahmenteil wird von unten wieder losgeschraubt und herausgenommen. Umgedreht hinlegen. Die „Unterkonstruktionslatten Schublade" werden mit einem Abstand von 1 cm von der Außenkante angeschraubt. Sollte das Holz splittern wollen, bitte mit einem dünnen Bohrer vorbohren.

14 Die restlichen Bretter und die Latte von unten ranschieben und alles anschrauben.

15 Nun benötigen Sie etwas Geduld! Die Schubladenschienen nach Herstellerangaben anschrauben. Schublade in die Schiene einfügen. Hier kann es sein, dass die Unterkonstruktionslatte etwas zu dick ist, diese dann entsprechend mit der Japansäge einsägen, damit der Schub sanft schließt.

Hier passt auch eine Farbnuance heller oder dunkler für die Fuge. Damit die Nut gleichmäßig wird, ist es für Ungeübte besser, dies zuerst an einem anderen Modell frei Hand zu probieren oder sich mit einer Metallschiene eine Führungsschiene mit Schraubzwingen auf dem Tisch zu befestigen.

TIPP:

Mit Bleistift und Lineal die Schubladenfuge auf den zwei langen Brettern verlängern sowie die Außenkanten der Tischbeine. Diese mit der Oberfräse nachziehen.

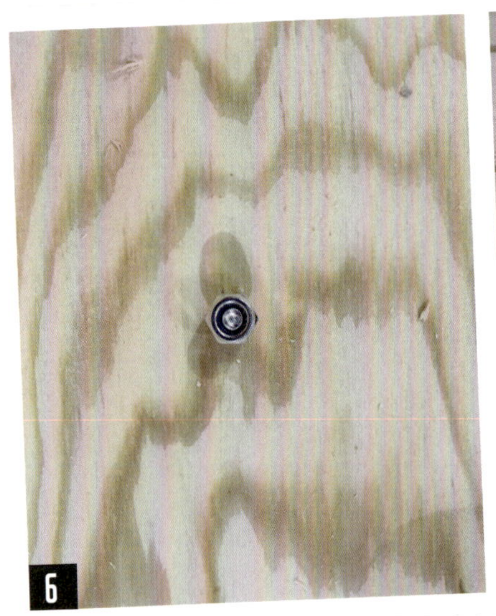

6

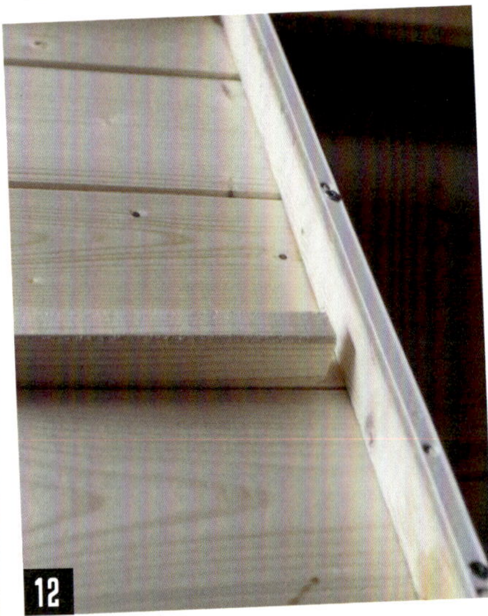

12

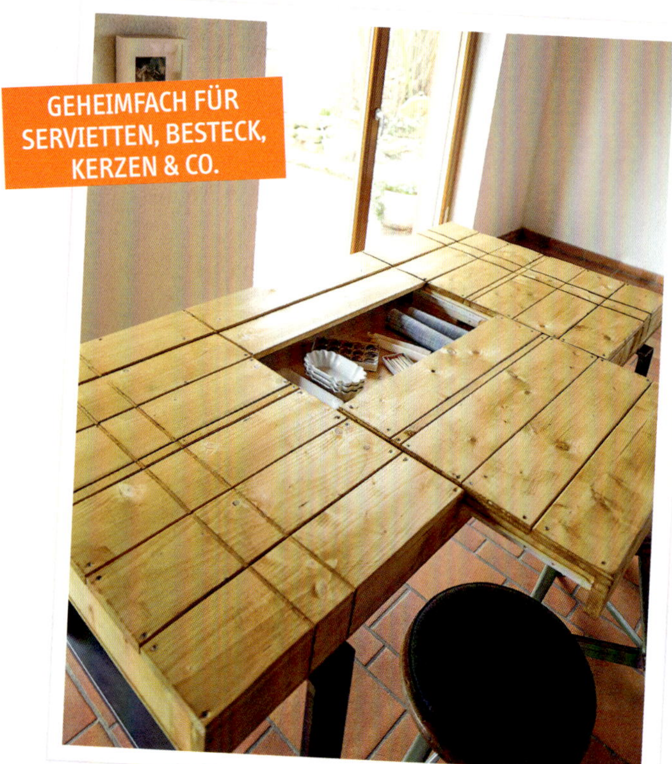

GEHEIMFACH FÜR SERVIETTEN, BESTECK, KERZEN & CO.

KLAPPTISCH FÜRS HOME OFFICE

MATERIAL

- Aufsteckrahmen für Europalette
- Schrankrückwand in Hellgrau, 6 mm stark, 79 cm x 79 cm (Rückwand)
- 2 Bretter, 2 cm x 18 cm x 77,5 cm (Regalböden)
- 4 Kanthölzer, 2 cm x 3 cm x 18 cm
- 1 Tischlerplatte, 22 mm stark, 79 cm x 79 cm (Tischplatte)
- 4 Latten, gehobelt/gefast, 2,5cm x 4,5 cm x 75 cm (Tischbeine)
- 1-2 Spraydosen Kreide Mistel, matt oder entsprechende Farbe zum Walzen
- 16 Schrauben, 2 cm lang (Rückwand)
- 8 Schrauben Flachkopf, 16 mm lang, sofern keine bei den Scharnieren mitgeliefert wurden
- 4 x 4 Zoll, 90 Grad verdeckte Kabinettfeder-Türscharniere softer Schließ
- 4 Dielenschrauben (kleiner Kopf), 5 cm lang
- 3 Scharniere, 3 cm x 3 cm, mit entsprechenden Schrauben
- Schleifpapier, 180er Körnung
- Stichsäge
- Bilderrahmen, 50 cm x 50 cm (optional)
- Holzleim
- Kreppband

1 Palettenaufsteckrahmen nach Herstelleranleitung zusammenstecken.

2 Die vier Kanthölzer, den Palettenaufsteckrahmen und die zwei Bretter mit der Kreidefarbe besprühen. Metall mit Kreppband abkleben.

3 Nach der Trocknung eventuell nochmals einen satten Farbauftrag machen.

4 Palettenaufsteckrahmen mit den Metallstegen nach unten legen.

5 Rückwand platzieren, eventuell noch Aussparungen an den Ecken sägen und mit dem Schleifpapier entgraten.

6 Rückwand an den Rahmen festschrauben.

7 Deckel bauen bzw. Tischlerplatte mit Schleifpapier entgraten. Bei Bedarf noch feiner glattschleifen.

8 Rahmen stellen und die Tischplatte mit den zwei Scharnieren an den Rahmen schrauben. Hier ist zu beachten, dass etwas Luft zwischen liegendem Deckel und unterstem Brett ist, damit beim Zuklappen genügend Spielraum herrscht.

9 Sollten die Metallstreben etwas stören, lassen diese sich auch mit einem Gummihammer etwas „in Form" schlagen.

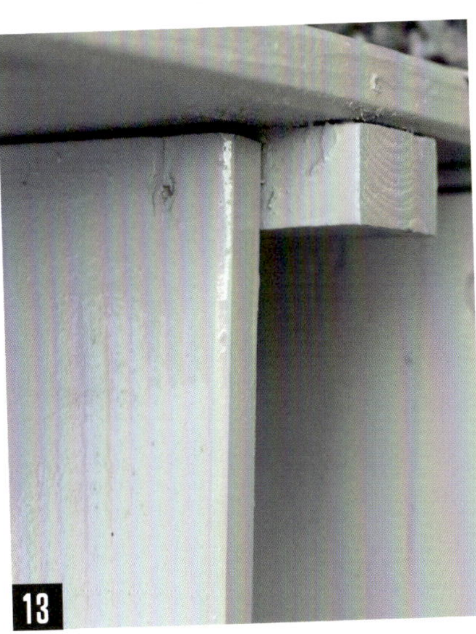

13

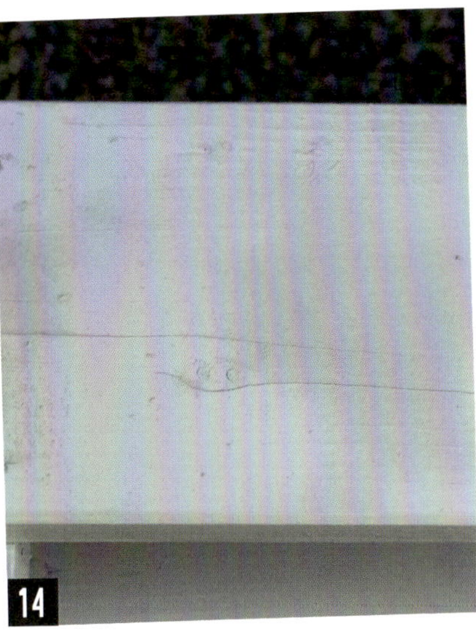

14

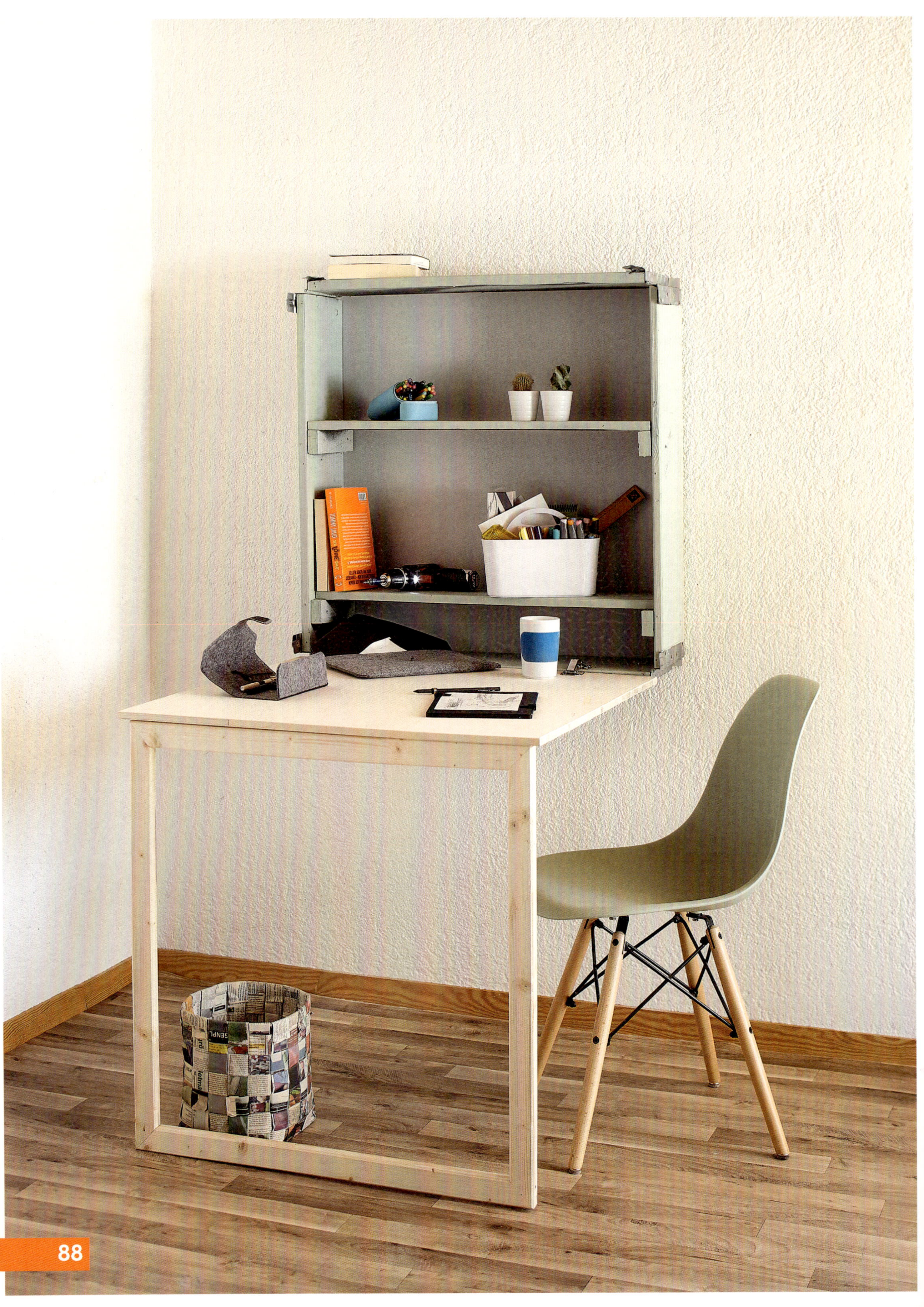

10 Mit den vier übrigen Latten wird das Tischbein gebaut. Hierzu die Enden auf 45 Grad kappen. Mit Schleifpapier die Sägekanten glätten. Die Latten wie einen Rahmen auf einem flachen Untergrund zusammenlegen. Die Sägekanten mit Leim versehen. Mit der langen Schraube seitlich durch die zwei Latten bohren. Eventuell mit einem Bohrer vorbohren, um das Spalten des Holzes zu vermeiden. Dies viermal wiederholen. Das Bohrloch kann mit einem Holzdübel und Leim aufgefüllt werden. Den überstehenden Dübel von Hand absägen.

11 Überflüssigen Leim mit feuchtem Tuch wegwischen.

12 Die Einlegeböden an den kurzen Seiten mit einem Kantholz versehen, bündig anlegen und mit je zwei langen Schrauben an das Brett schrauben.

13 Hier ist eine zweite Person hilfreich. Den Einlegeboden in den Rahmen entsprechend heben und seitlich wieder mit je zwei Schrauben befestigen.

14 Den unteren Einlegeboden nach Belieben montieren.

15 Scharniere mit den kurzen Schrauben an das getrocknete Tischbein schrauben.

16 Das Tischbein auf der zugeklappten Tischplatte ausrichten, sodass dieses im aufgeklappten Zustand bündig an der Tischkante anliegt.

17 Bilderrahmen in den Zwischenraum des Tischbeines schrauben.

18 Wenn der Platz gebraucht wird: Feierabend machen, Schreibtisch wegklappen und stattdessen stylishes Bild genießen.

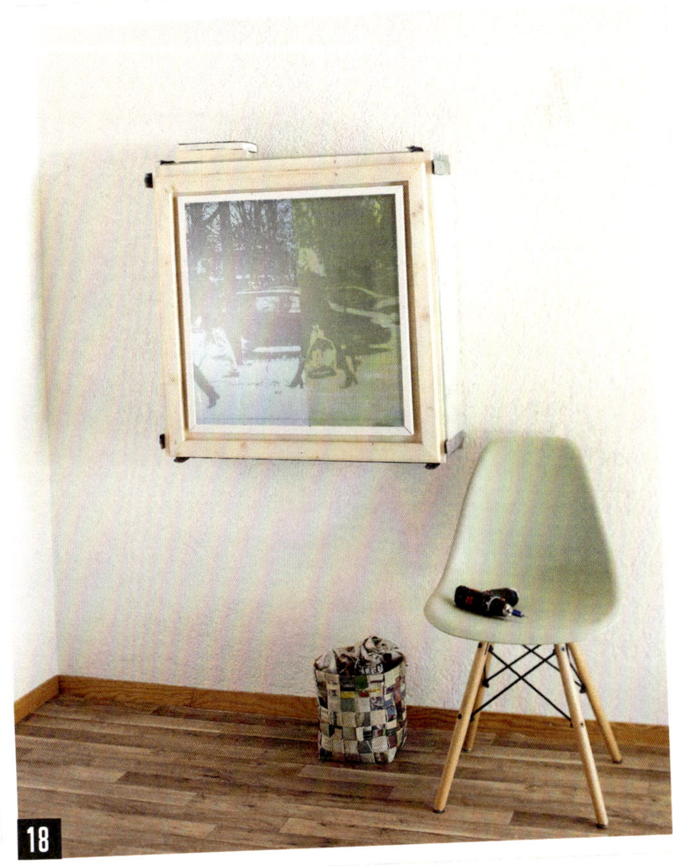
18

KOMMODE
MIT SCHICKEN TÜREN

MATERIAL

- 4 Schrankfüße mit entsprechenden Schrauben
- 5 Tischlerplatten, 24 mm stark, 80 cm x 30 cm
- 16 Schrauben, 3,5 cm lang
- 4 Latten, gehobelt/gefast, 2,5 cm x 4,5 cm x 82,5 cm
- 4 Latten, gehobelt/gefast, 2,5 cm x 4,5 cm x 33 cm
- Pappelholz, 6 mm stark, 79 cm x 83 cm (Rückwand)
- 2 Rattangeflechte, 85 cm x 35 cm
- Schere
- Holzleim
- 2 Türknöpfe als Tauknoten
- Holzbohrer, 4 mm
- Tacker
- 16 Schrauben, 1,6 cm lang (Rückwand)
- 24 Schrauben Flachkopf, 1,6 cm lang (Scharniere)
- 4 Scharniere, 1,5 cm breit pro Flügel
- 2 oder 4 Schraubzwingen, mind. 40 cm lang
- 18 Schrauben, 4 cm lang (Korpus)

1 Sägekanten mit Schleifpapier glätten. Dann Schrankkorpus zu zweit aufstellen und die Schrauben seitlich eindrehen.

2 Korpus legen. Zwischenboden mit einem Leerraum von 15 cm von oben einlegen und ebenfalls von außen mit Schrauben befestigen.

3 Korpus entsprechend aufstellen und Füße montieren.

4 Korpus auf Sichtseite legen und Rückwand auflegen. Mit den kurzen Schrauben festschrauben.

5 Türen auf einem flachen Untergrund wie einen Rahmen legen. Kontaktflächen mit Leim versehen und mit Schraubzwingen entsprechend mindestens 4 Stunden trocknen lassen. Überflüssigen Leim mit feuchtem Tuch entfernen.

TIPP:
Die tolle Sägekante kommt erst recht zur Geltung, wenn die Bretter mit einer Lasur an den Flächen eingelassen werden

6 Nach der Trocknung Rattan auf die Rückseite tackern.

7 Mit dem Holzbohrer je ein Loch auf Wunschhöhe in jede Tür bohren für den Türknauf.

8 Türknauf montieren.

9 Zu zweit die Scharniere je an Türen und Schrank montieren.

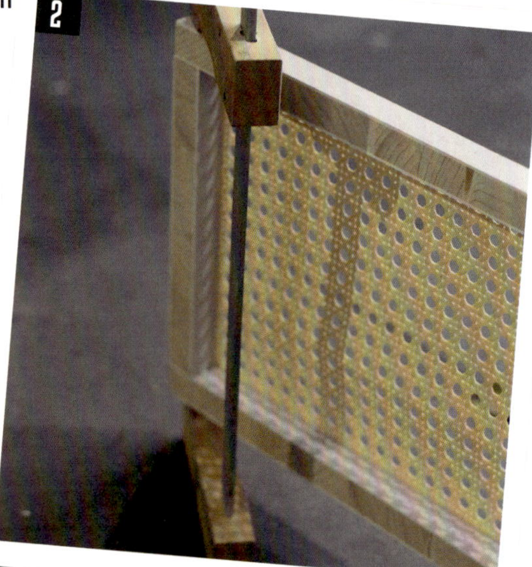
2

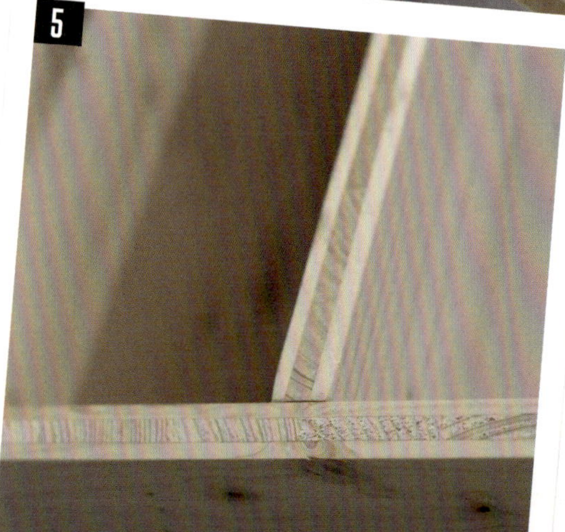
5

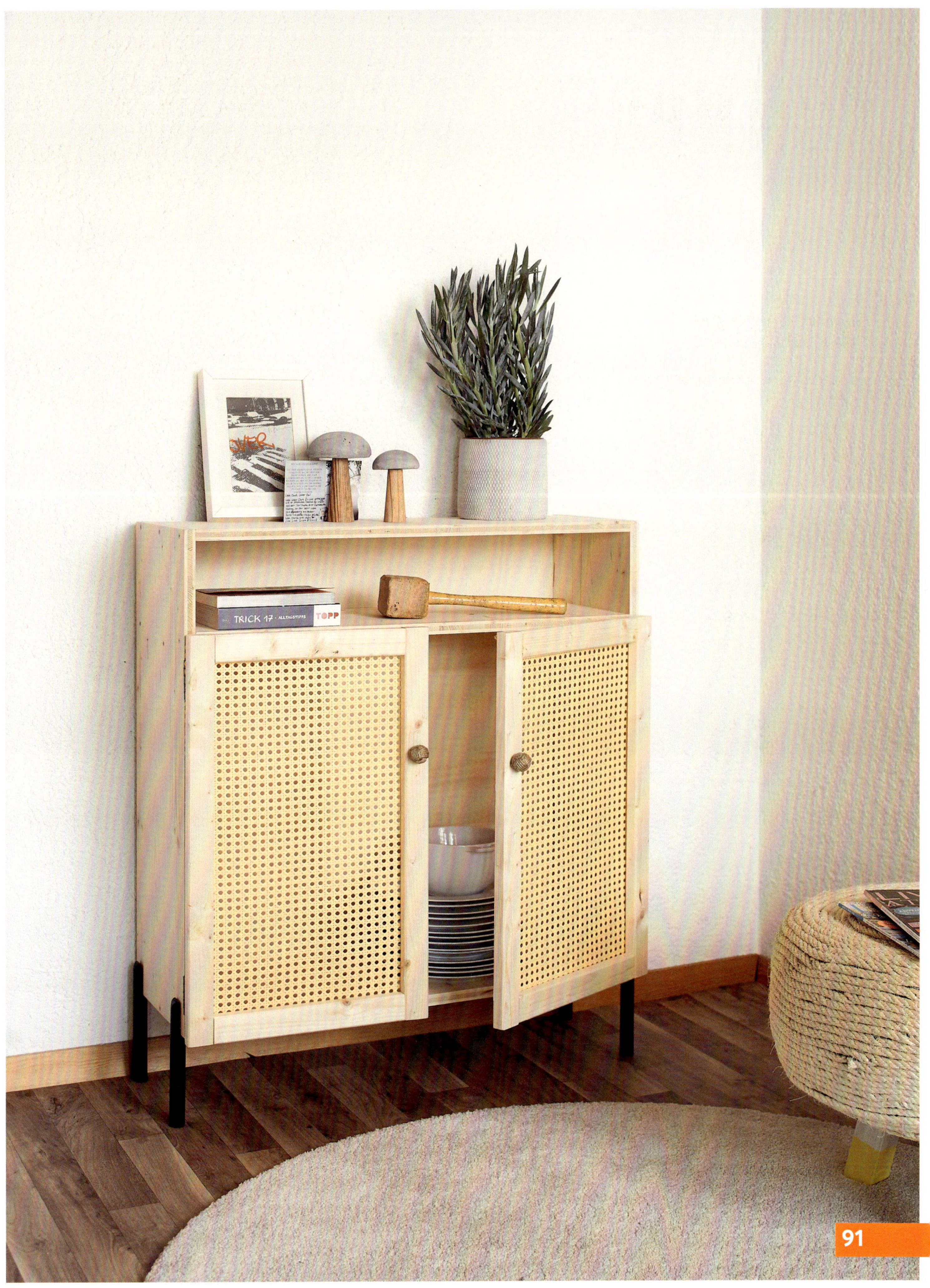
TRICK 17
TOPP

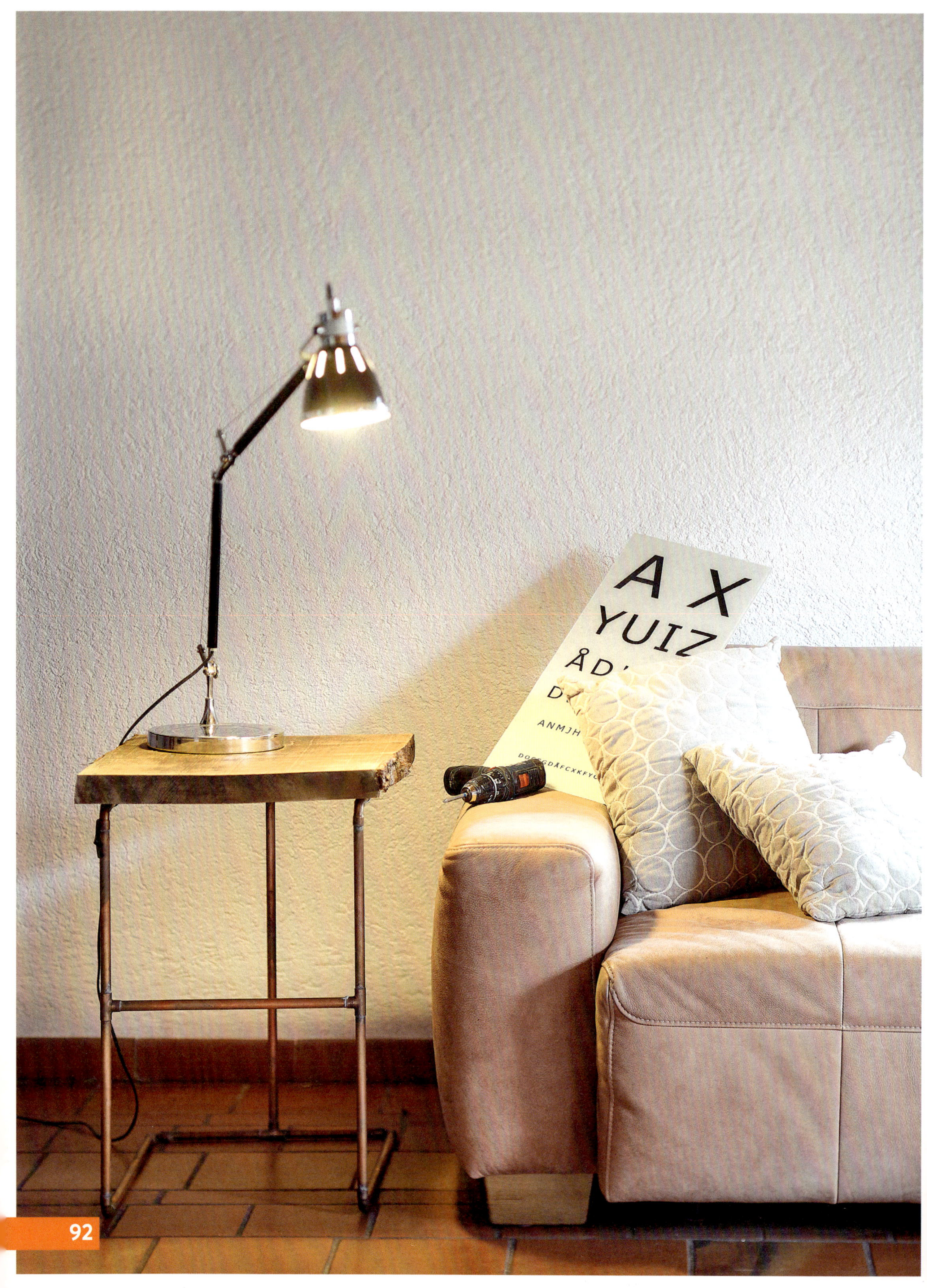
A X
YUIZ
ANMJH

BEISTELLTISCH AUS KUPFERROHR

MATERIAL

- 2,5 m Kupferrohr, ø 15 mm
- 8 Kupferbögen, 90 °, 2 Muffen, 15 mm lang
- 4 T-Stücke Kupfer, 15 mm
- 4 U-Halterungen
- 8 Torx-Schrauben, 2 cm lang
- Holzbrett, Eiche mit Borke 55 cm x 45 cm x 4,5 cm
- Holzöl, farblos
- Flachpinsel, 4 cm breit
- Alter Lappen
- Rohrabschneidegerät für Kupferrohre
- 4 Filzmöbelaufkleber, ø 1 cm

Zur Verbindung der Rohre:

- Bunsenbrenner
- Reinigungsvlies
- Lötdraht /Lötzinn

Oder Ohne Löten

- Brennspiritus
- Kleber „Kleben statt bohren" oder Heißkleber

TIPP:

Da das Kupfer oxidiert, kann man es immer wieder aufhellen, indem man es mit Essig abwischt.

1 Die Ober- und Unterseite des Holzbretts mit Holzöl einlassen. Nach der Einwirkungszeit nach Herstellerangaben das überflüssige Öl mit einem Tuch abreiben.

2 Auf der Holzfläche die hochstehenden Holzfasern abschleifen. Eventuell nochmal mit Öl einlassen und Reste abwischen.

3 Die Rohre zurechtschneiden in:
4x 47 cm
4x 17 cm
2x 25 cm
2x 27 cm
1x 35 cm
1x 55 cm

4 Die Rohrenden mit dem Vlies innen und außen abreiben.

5 Die einzelnen Komponenten zusammenstecken, ob alles passt oder ein Rohr noch angepasst werden muss.

6 Nun die Einzelteile verlöten. Hier ist es ratsam, den unteren und den oberen Rand separat zu verlöten und später die vertikalen Komponenten.

7 Die Platte auf einen flachen Untergrund legen. Das fertig gelötete Gestell daraufstellen und ausrichten, sodass dieses mittig aufliegt.

8 Die U-Halterungen auf die Rohre legen und mit den Schrauben festschrauben.

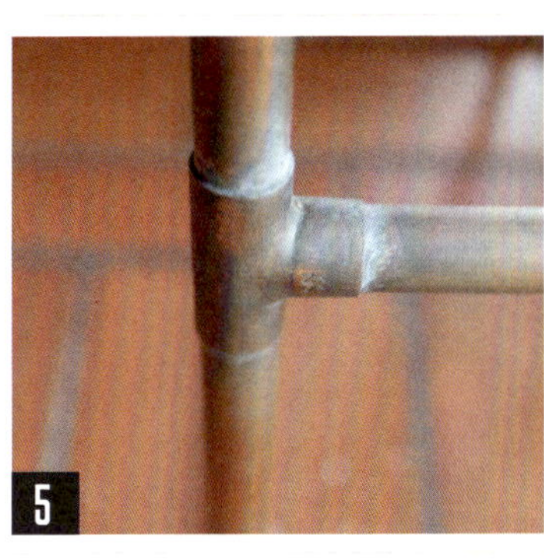
5

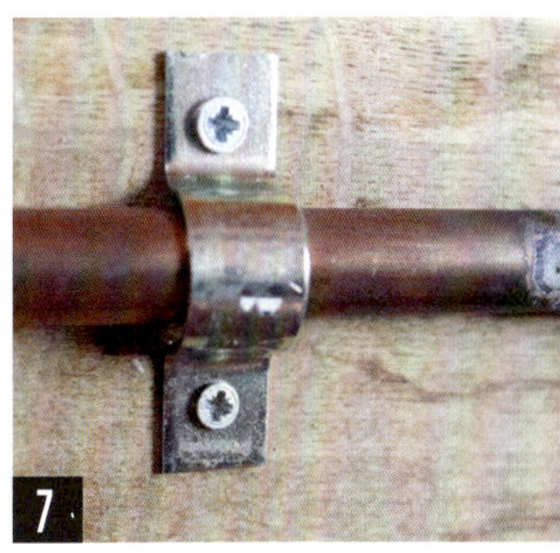
7

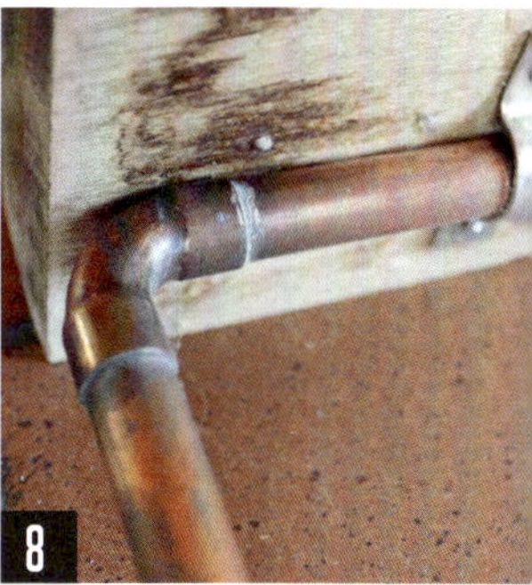
8

RUSTIKALER HOLZSTUHL

MATERIAL

- 2 Bretter, 13 cm x 40 cm x 1,8 cm (Stuhllehne)
- 2 Bretter, 13 cm x 42 cm x 1,8 cm (Sitzfläche)
- Klavierband
- 4 Winkel, 4x 4 cm
- 2 Kanthölzer, 7,5 cm x 6 cm x 73 cm (Hinterbeine)
- 2 Kanthölzer,) 7,5 cm x 6 cm x 48 cm (Vorderbeine
- 2 Kanthölzer, 7,5 cm x 6 cm x 38 cm (Seite)
- 2 Sitzauflagen, 7,5 cm x 6 cm x 28 cm (vorne + hinten)
- 1 Rückenlehne, 4,5 cm x 4,5 cm x 28 cm
- 4 Filzkleber, ø 3 cm
- Schrauben kurz, 1,6 cm
- 6 Holzschrauben, 9 cm lang
- 6 Unterlegscheiben
- Gabelschlüssel oder Ratsche
- Holzlasur in Kieferblond
- Holzlack transparent
- 2 Pinsel, breit
- feines Schleifpapier
- 4 Schrauben, 6 cm lang (Rückenlehne)
- 12 Schrauben, 1,6 cm lang (Klavierband)
- Ca. 50 Schrauben, 2 cm lang (Winkel)
- Holzbohrer, 3mm und 5 mm
- Holzleim

1 Vorderbeine im Winkel anpassen, auf jeder Seite 15 Grad.

2 Seiten-Kantholz im Winkel anpassen:

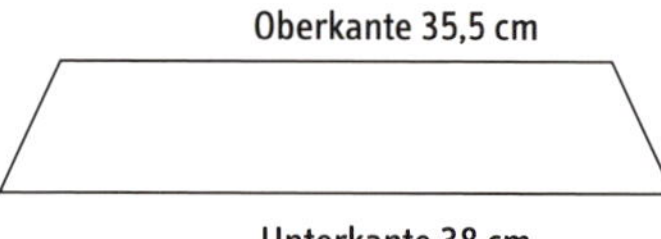

3 Hinterbeine mit Säge anpassen, Fuß/Boden mit 15 Grad.

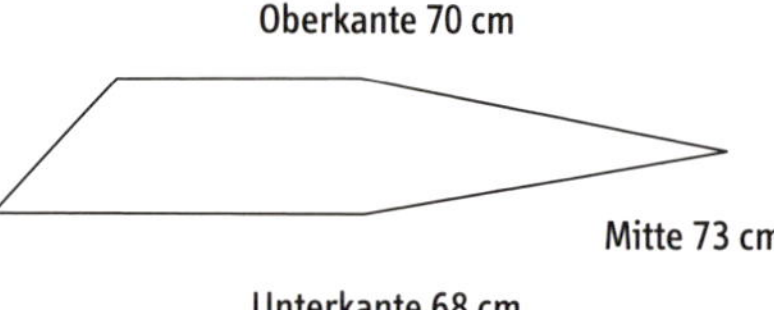

4 Die Seiten des Stuhles mit den Seitenteilen passend auf einen flachen Untergrund legen.

5 Winkel an die Unterseite legen. Nun sieht man, dass die Metallwinkel nicht dem Winkel der Beine und der Sitzfläche entsprechen. Winkel entsprechend biegen und anschrauben.

6 Die vier Bretter mit dem Klavierband verbinden. Die etwas längeren Bretter sind als Sitzfläche angedacht. Diese mit dem farbigen Holzlack lackieren.

7 Die zwei Seitenteile sollen verbunden werden. Hierzu wird das Kantholz der Sitzfläche vorne am Stuhl bündig angelegt. Mit einem Bleistift wird die Mitte des Kantholzes auf die Außenseite des vorderen Stuhlbeines projiziert. Bitte auf der anderen Seite wiederholen.

8 Markierung mit dem dickeren Bohrer durch das Stuhlbein und ca. 1 cm durch das Sitzholz durchbohren.

9 An die Sägekanten dick Holzleim geben. Holzschrauben eindrehen. Überflüssigen Leim mit feuchtem Tuch abwischen.

10 Vorgang an der Rückenlehne wiederholen. Hierbei ist zu beachten, dass das Vierkantholz der Rückenlehne 12 cm von der Spitze der Hinterfüße oben abgesetzt montiert wird.

11 Stuhl richtig hinstellen. Die Sitzfläche wird aufgelegt. Hier merken Sie selbst, wie dieser „Flexible Winkel" ausgerichtet werden muss. Sie schrauben von oben mit den Schrauben je zwei Stück im gleichen Abstand unten und oben durch die Bretter der Sitzfläche, sodass diese im Holz auf der Rückseite greifen.

12 Den Stuhl drehen und das letzte Kantholz mit Stuhlrahmen und Sitzunterseite verbinden. Hierzu das Kantholz fast bündig an das Klavierband legen und zwischen die Rahmenhölzer schieben. Wieder wie bei den Stuhlbeinen von außen die Mitte des Kantholzes markieren und wie bei Punkt 7 und 8 verfahren.

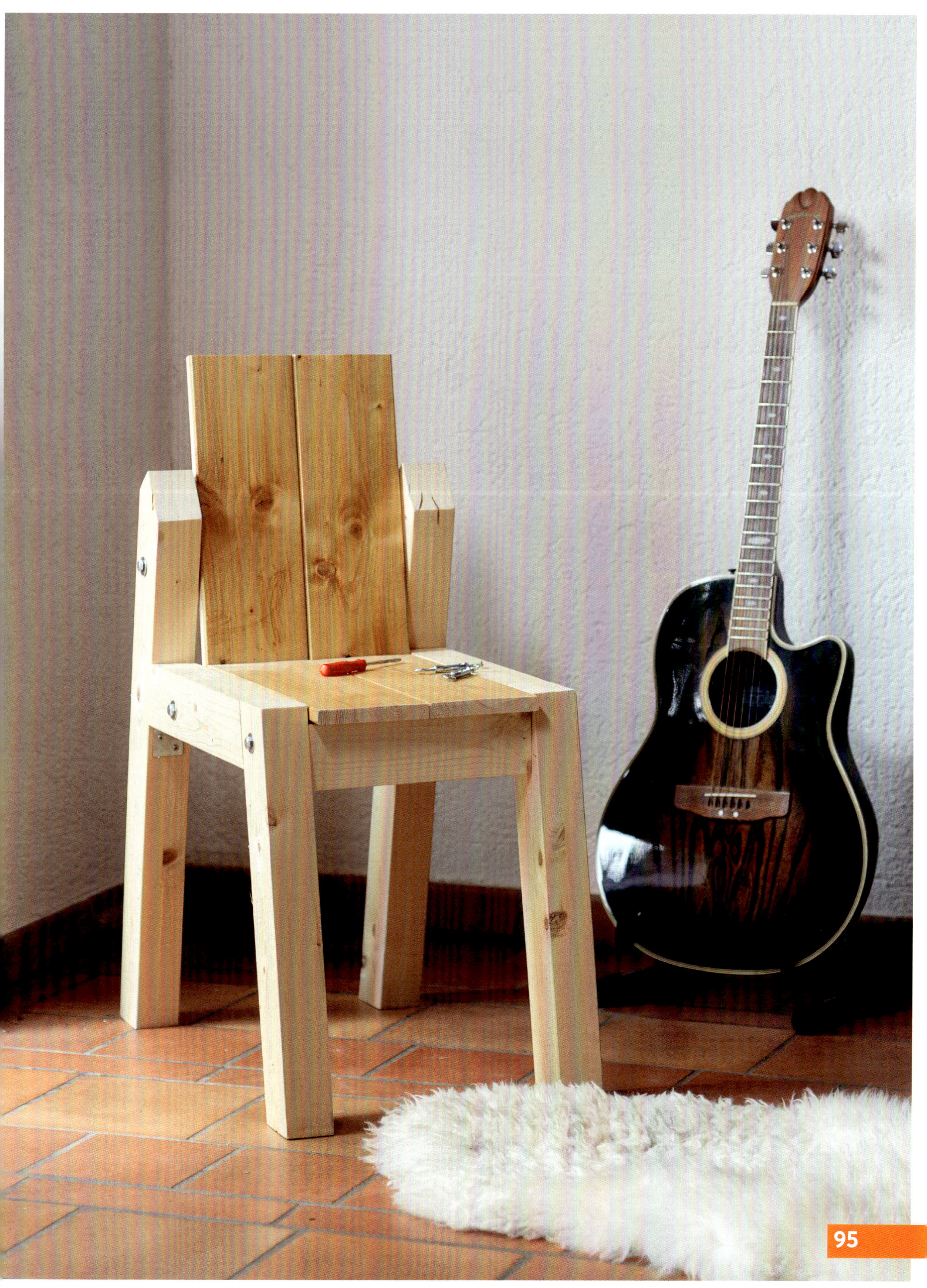

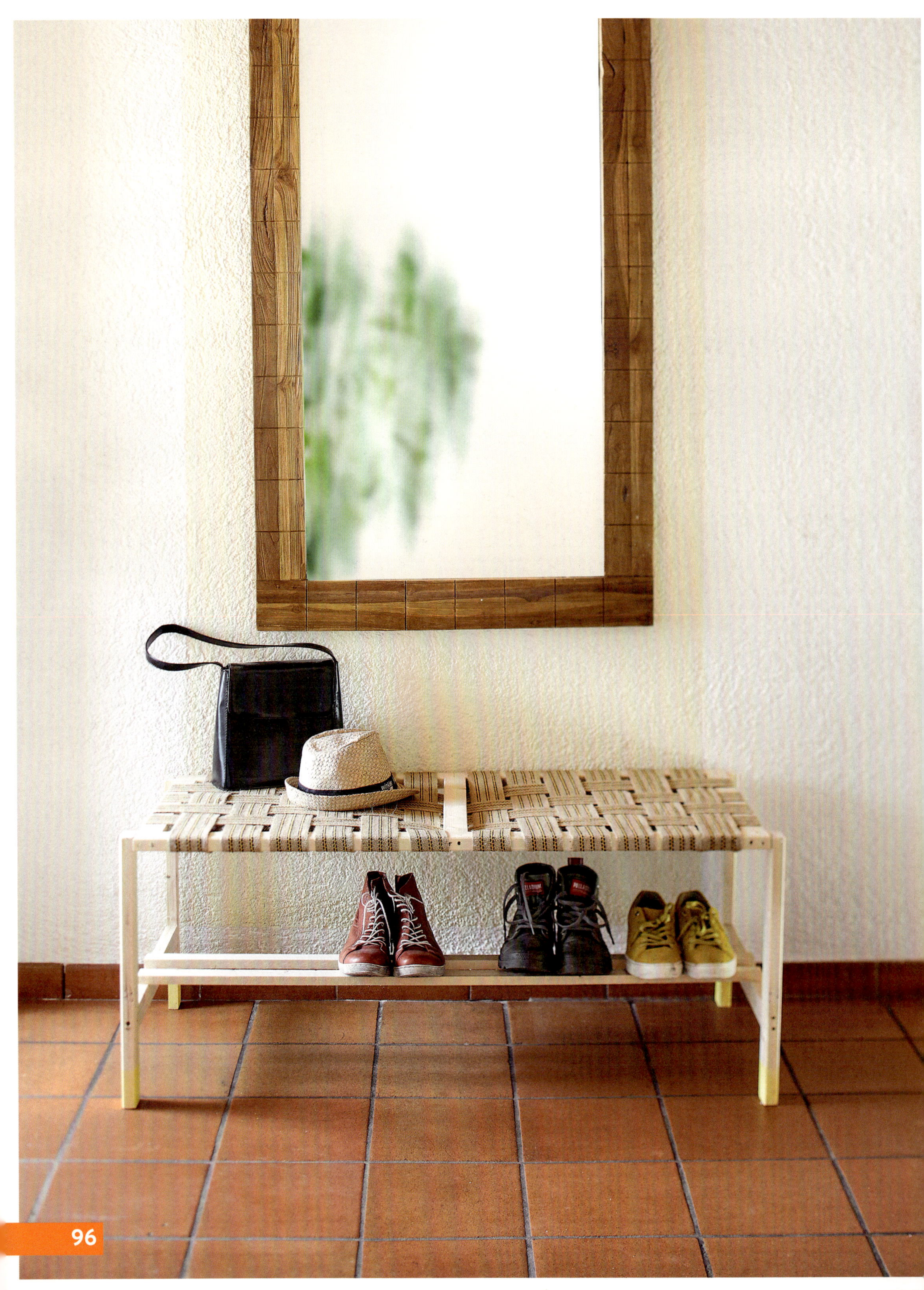

SCHUHBANK MIT GURTSITZ

MATERIAL

- 1 Rolle Polster-Jute-Gurte mit gelben Streifen, 7 cm breit, 25 m lang
- 4 Latten, gehobelt/gefast, 2,5 cm x 4,5 cm x 46 cm (Beine)
- 5 Latten, gehobelt/gefast, 2,5 cm x 4,5 cm x 46 cm (Zwischenstreben)
- 2-3 Latten, gehobelt/gefast, 2,5 cm x 4,5 cm x 115 cm (Untere Ablage))
- 2 Latten, gehobelt/gefast, 2,5 cm x 4,5 cm x 111 cm (Seite)
- Acrylfarbe oder Dispersionsfarbe in Mango
- Holzbohrer, 6er
- Ca. 20 Schrauben, 5 cm lang
- Holzleim, wasserfest
- Schleifpapier, 240er Körnung
- Tacker
- Kreppband
- Holzleim
- Holzbohrer, 3 mm
- Flachpinsel, 2-3 cm breit

1 Alle Sägekanten nochmals glätten und entstauben.

2 Leiter aus 2 Seitenteilen und drei Zwischenstreben auf dem flachen Boden oder einer Werkbank auslegen. 2 lange Latten parallel und drei kurze dazwischen legen.

3 Mit Bleistift je zwei Bohrlöcher am Zusammentreffen der beiden Latten sowie die gegenliegende lange Latte markieren und Löcher vorbohren.

4 Die Leiter auf einer Seite zusammenschrauben. Für mehr Stabilität kann auch noch auf die Auflageflächen Leim gegeben werden. Überschüssigen Leim mit einem feuchten Tuch entfernen.

5 Diesen Vorgang mit den weiteren Elementen wiederholen.

6 Die Beine entsprechend anschrauben. Hier ist auch wieder zu beachten, dass mit dem Holzbohrer vorgebohrt wird, um ein Spalten des Holzes zu vermeiden.

7 Die letzten langen Latten auf die Unterstreben in den Füßen legen. Diese entsprechend der Schuhgrößen im Haushalt ausrichten und mit Schrauben von oben festschrauben.

Mit Kreppband die Beine mit einem Streifen rundherum am unteren Fuß abkleben. Im Beispiel haben wir einen Abstand von 7 cm gewählt.

8 Gurtband auf die obere Latte legen und nach unten klappen. Das Ende unten an die Latte tackern. Immer zum gegenüberliegenden Holz wickeln, gut über die Latte spannen und festtackern.

Sollte man diese Bank nur als Ablage nutzen, reicht es, den Gurt abzuschneiden und von Neuem über die Latte zu ziehen. Wenn die Bank auch zum Sitzen genutzt wird, würde ich das Gurtmaterial durchgängig bis zum Bankende oben und unten langführen.

Wer möchte, kann nun von der Seite her mit dem Gurtmaterial durch die vorhandenen Gurte weben. An den Enden entsprechend wieder an der Unterseite der Latte festtackern.

TIPP:

Natürlich kann diese Schuhbank auch als Sitzmöbel gebaut werden. Dazu einfach die Latten mit Vierkantholz 4,5 cm x 4,5 cm oder stärker bauen. Hier würde ich auch mit Holzdübeln arbeiten und nicht mit Schrauben als Verbindungsmaterial.

GUSSROHR-REGAL

MATERIAL

Regal 1 mit „Handtuchstange"

- 1 Brett mit Borke, 60 cm x 3 cm x 50 cm
- 2 Wandscheiben, verzinkt
- 2 Wasserleitungen, 30 cm lang, verzinkt je mit einem Gewinde am Rohrende
- 1 Wasserleitung, 80 cm lang, verzinkt je mit einem Gewinde am Rohrende
- 2 Bögen, verzinkt, kurz 90°
- 2 T-Stücke, verzinkt
- 2 Befestigungsbügel
- 4 Schrauben, 1,6 cm lang

Regal 2 ohne „Handtuchstange"

- 1 Brett mit Borke, 16 cm x 3 cm x 100 cm
- 2 Wandscheiben, verzinkt
- 2 Wasserleitungen, 20 cm lang, verzinkt je mit einem Gewinde am Rohrende
- 2 Befestigungsbügel
- 4 Schrauben, 1,6 cm lang

- Schleifpapier, 180er Körnung
- Brennspiritus
- Flachpinsel, 3 cm breit
- Acryllack Spray in Schwarz
- Stahlbürste
- 1 Spraydose Acryllack in Schwarz matt

1 Die Rohre mit Brennspiritus und Lappen entfetten bzw. entstauben.

2 Rohre auf einen Karton legen mit je 2 cm Abstand und mit der aufgeschüttelten Sprühfarbe ansprühen. Nur leicht deckend ansprühen, so trocknet alles schneller und bleibt nicht am Karton kleben. Rohre drehen und erneut ansprühen.

3 Nach der Trocknung von mindestens 2 Stunden mit der Bürste leicht bürsten, um ein schönes Used-Muster zu erhalten.

4 Die Rohre mit den entsprechenden Bögen/ Wandscheiben/ Rohren entsprechend verbinden bzw. fest zusammenschrauben.

5 Das entsprechende Brett auf einen flachen Untergrund legen und die Regalteile auflegen. Diese mit dem Befestigungsbügel am Brett festschrauben.

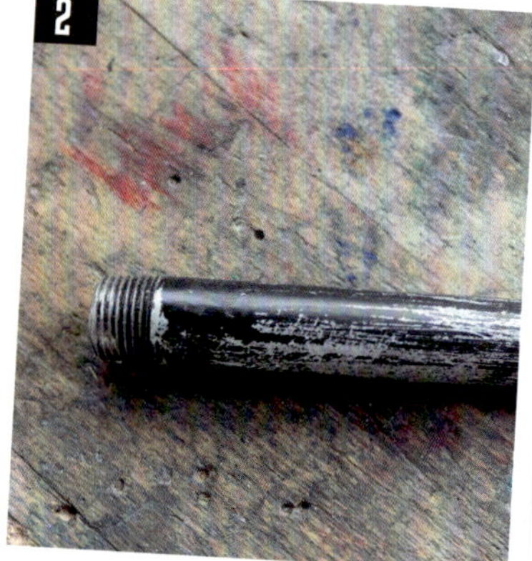
2

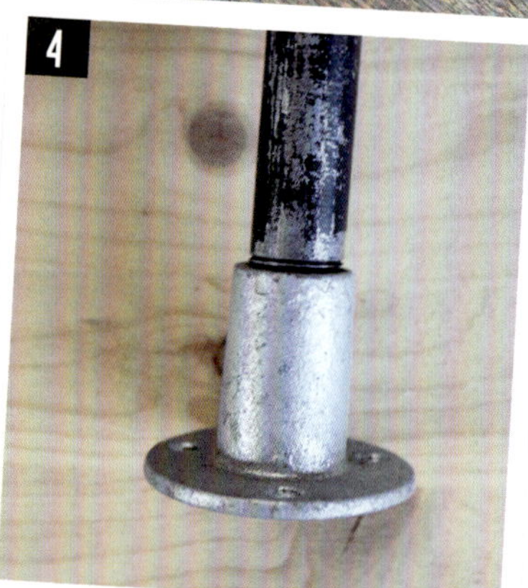
4

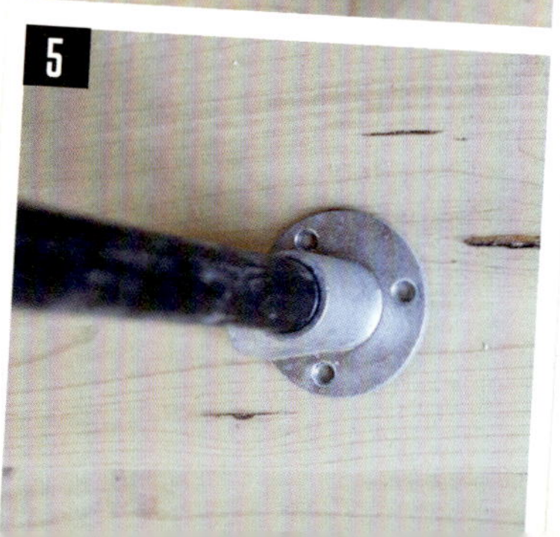
5

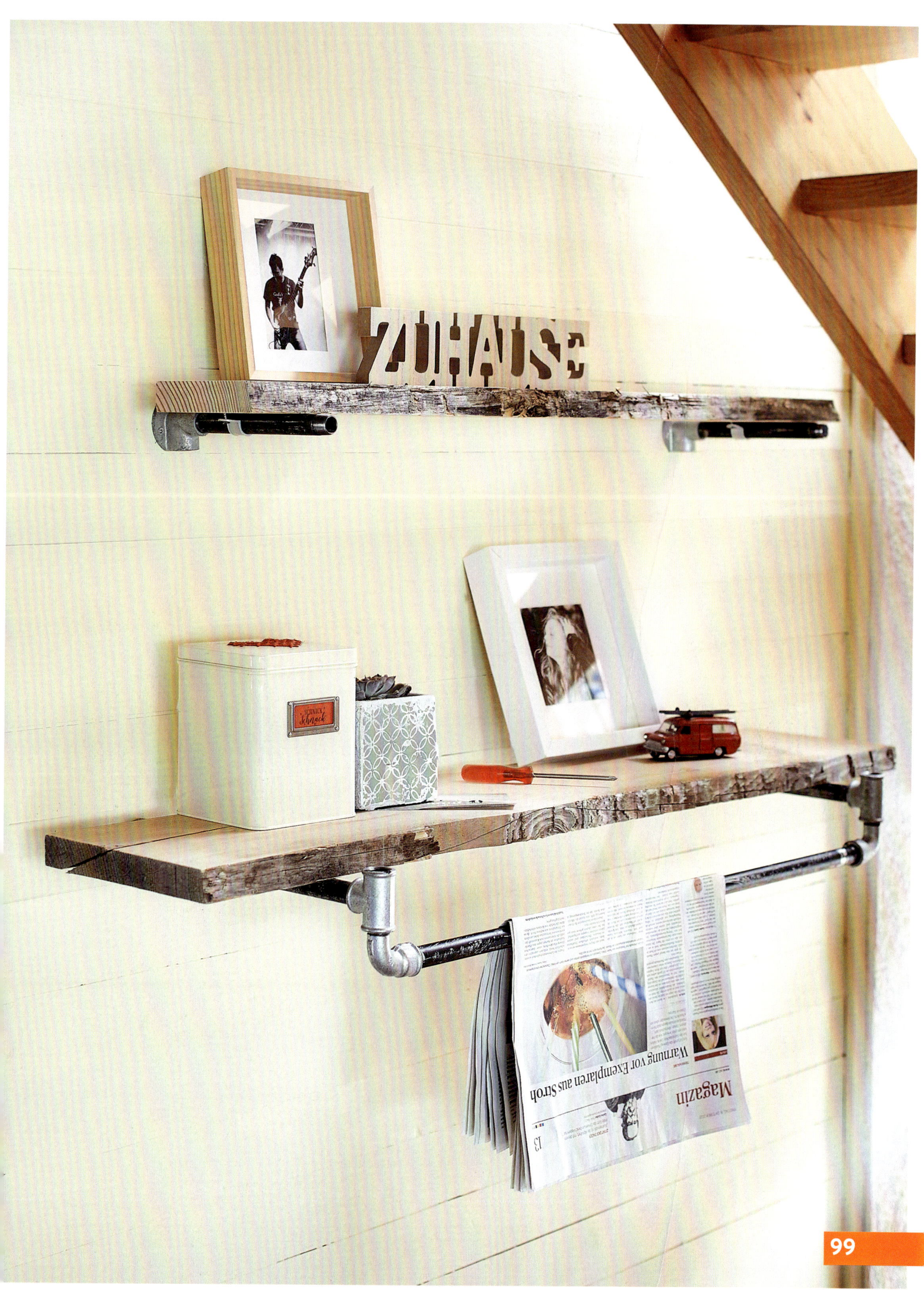
ZUHAUSE
Magazin
Warnung vor Exemplaren aus Stroh

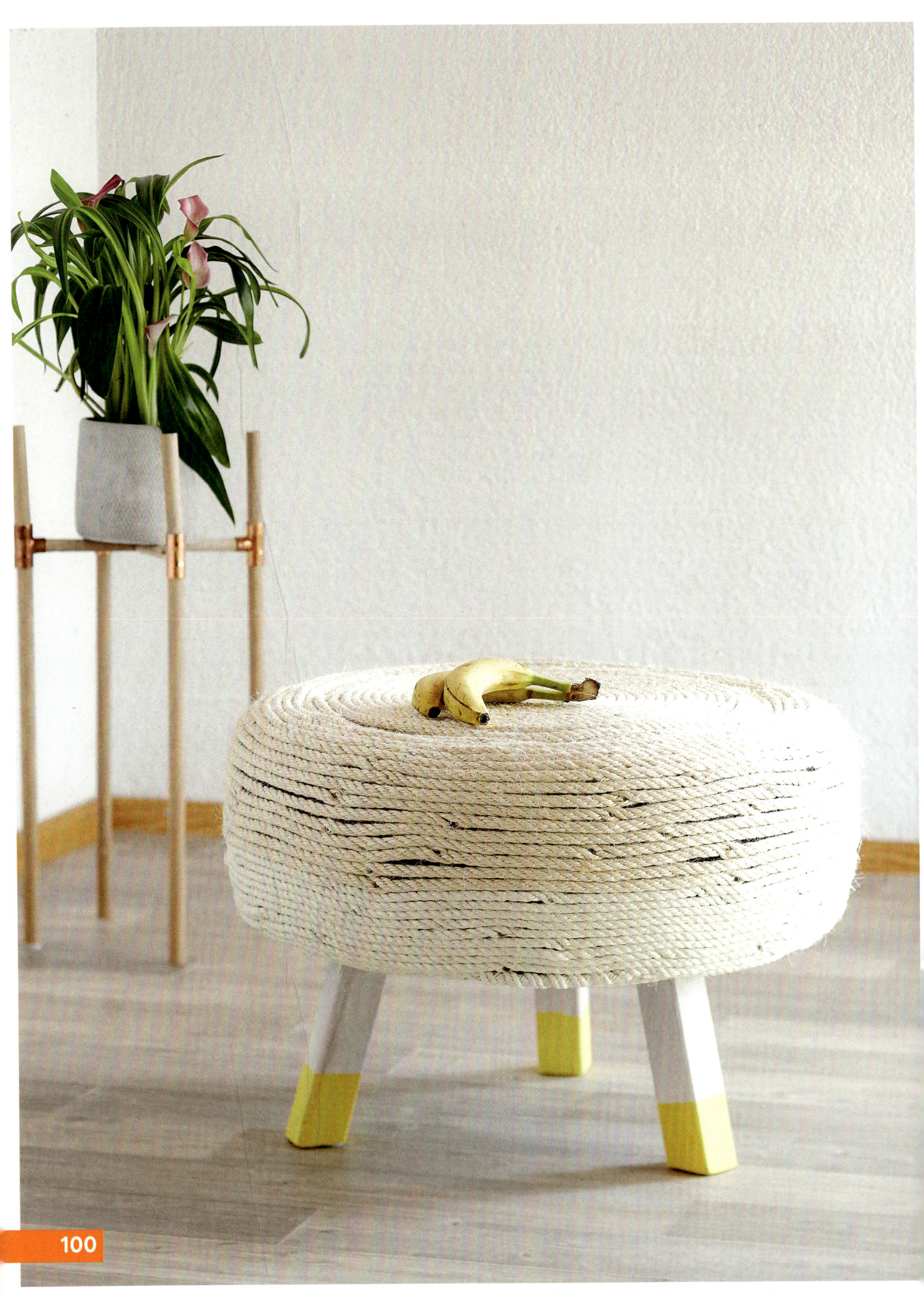

STYLISCHER SEILTISCH

MATERIAL

- Autoreifen (Mantel) ohne Felge
- Sisalseil, naturfarben, 90 m lang, ø 10 mm
- 2 Kartuschen „Kleben statt bohren“
- 100 Torx-Schrauben, 2 cm lang oder Drucklufttacker
- 12 Torx-Schrauben, 5 cm lang
- 2 Holzbretter, 2 cm stark, 50 cm x 50 cm
- Kantholz, gefast, 150 cm x 5 cm x 5 cm
- Acrylfarbe in Weiß und Mangogelb

- Pinsel, 4 cm breit
- Klarlack
- Lackpinsel, 3 cm breit
- Universalreiniger
- Schwamm
- Stichsäge
- Schleifpapier, 120er Körnung
- Kreppband
- Tacker

1 Autoreifen gut mit Universalreiniger waschen, um die Asphaltreste abzuwaschen.

2 Autoreifen auf ein Brett legen, mit einem Stift den Mantel innen ausfahren und auf das Brett die Öffnung malen. Insgesamt den Farbstrich um 2 cm vergrößern und den Kreis aussägen. Diesen auf das andere Brett übertragen und ebenfalls aussägen.

3 Den Abstand der Innenränder vom unteren zum oberen messen. Dieses Maß wird auf das Kantholz übertragen und abgesägt.

4 Danach je nach Wunschhöhe (hier 35 cm) je dreimal am Kantholz anzeichnen. Die Tischbeine mit einem 35-Grad-Winkel auf beiden Seiten absägen (wie ein Parallelogramm).

5 Tischbeine an den Sägestellen mit Schleifpapier entgraten. Danach in Weiß einfärben. Nach der Trocknung mit Kreppband ca. 6 cm abkleben und das Ende des Tischbeins in Gelb anmalen. Mit Klarlack 1-2 Mal einlassen.

6 Das Vierkantholz auf der Mitte des runden Bretts mit zwei Schrauben festschrauben. Die Tischbeine auf der anderen Seite platzieren. Hier ist Hilfe von einer zweiten Person ratsam. Tischbeine mit je zwei langen Schrauben festschrauben. Den „Tisch“ hinstellen, Reifen auflegen und das zweite Brett auf den Reifen auflegen und ausrichten. Das Brett mit 2 Schrauben mit dem Kantholz verbinden.

7 Das Ende des Seils etwas aufzwirbeln und mit dem Tacker an der Mitte festtackern.

8 Das Holzbrett ein- bis zweimal mit Klarlack einlassen. Nach der Trocknung mit dem Kleber einlassen. Das Seil locker um die Mitte legen, aber eng an das Nachbarseil. Sollte das Seil auf der geraden Fläche nicht fest genug liegen, dieses entweder alle 50 cm festschrauben oder festtackern.

9 Wenn der Reifen erreicht wird, die Holzplatte mit dem Reifen verschrauben. Das Seil weiter darumwickeln und im Wechsel kleben und schrauben.

10 Sollte das Seil nicht die gesamte Unterseite abdecken, den Boden auch mit Weiß anmalen.

BUCHEMPFEHLUNGEN FÜR SIE

Noch mehr Kreativ-Bücher zum gleichen Thema gesucht?

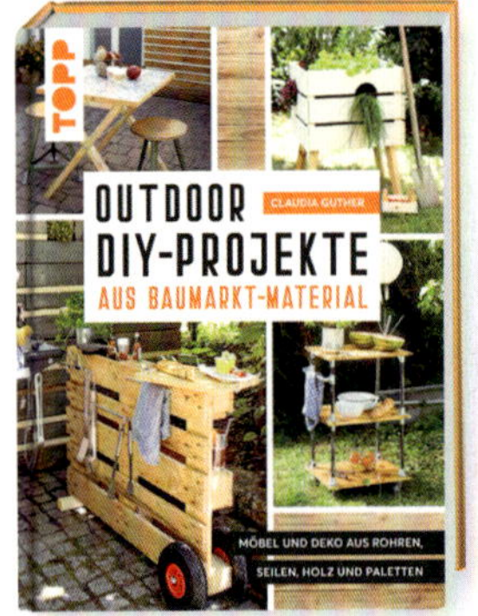

ISBN 978-3-7724-4520-0

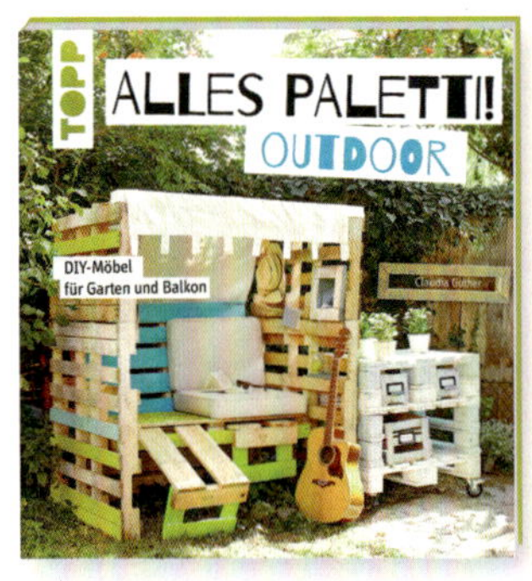

ISBN 978-3-7724-7622-8

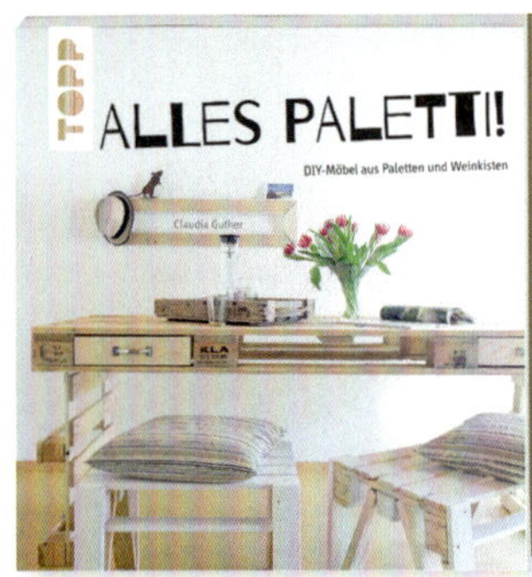

ISBN 978-3-7724-5980-1

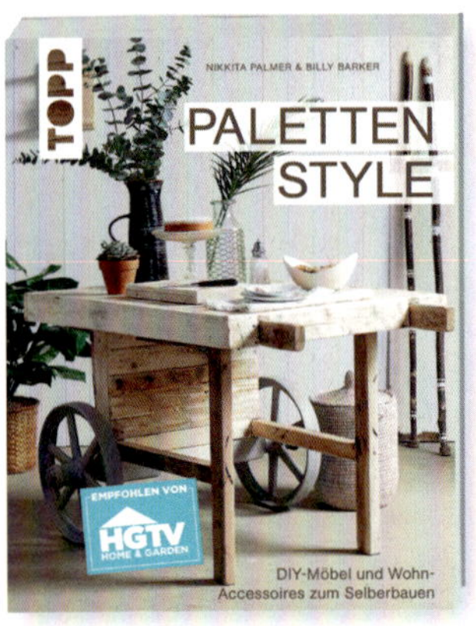

ISBN 978-3-7724-5342-7

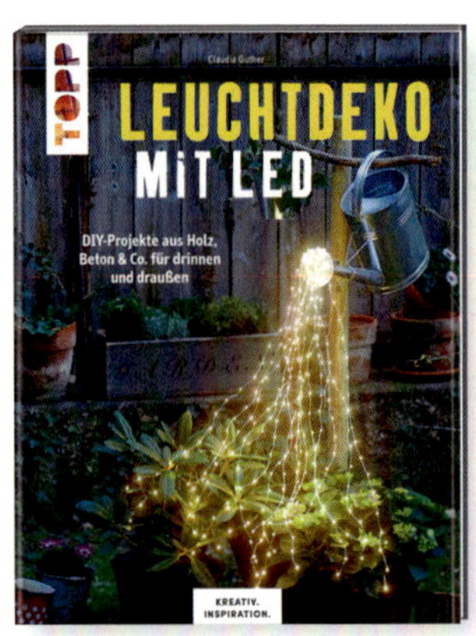

ISBN 978-3-7724-7545-0

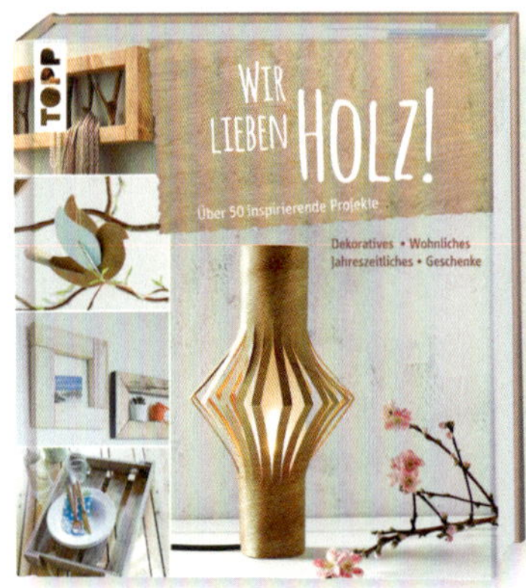

ISBN 978-3-7724-7578-8

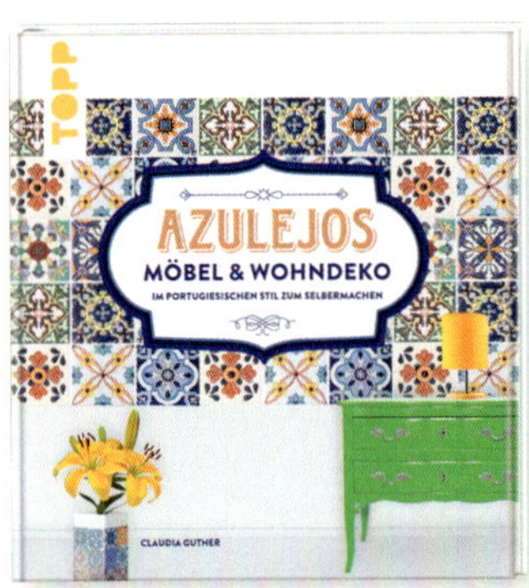

ISBN 978-3-7724-7178-0

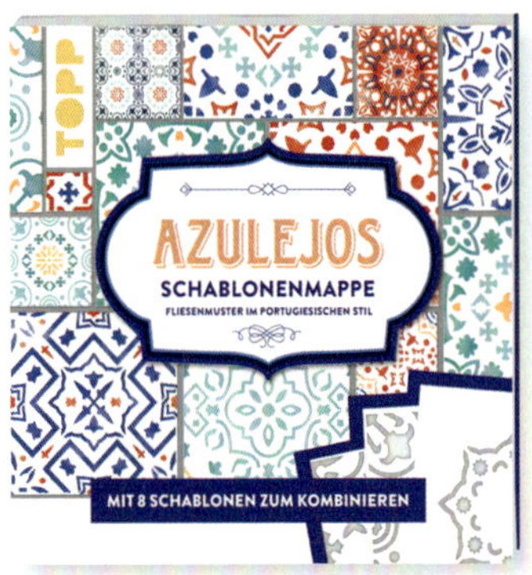

ISBN 978-3-7724-7179-7

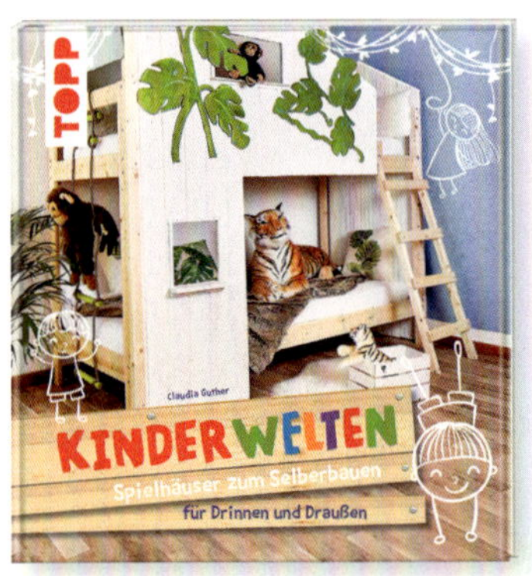

ISBN 978-3-7724-7153-7

Viele weitere Kreativ-Bücher finden Sie auf www.TOPP-kreativ.de

Wie wärs mal mit Camping oder der bewährten Trick 17-Reihe?

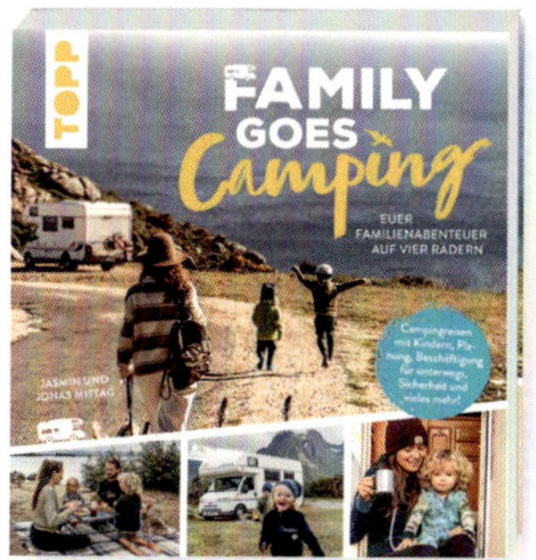

ISBN 978-3-7724-4644-3

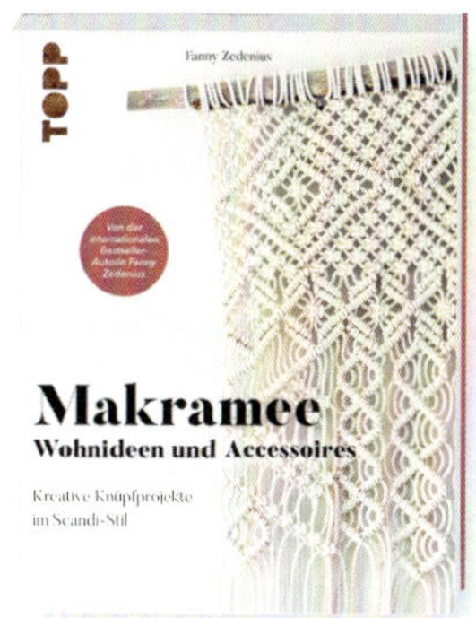

ISBN 978-3-7724-4594-1

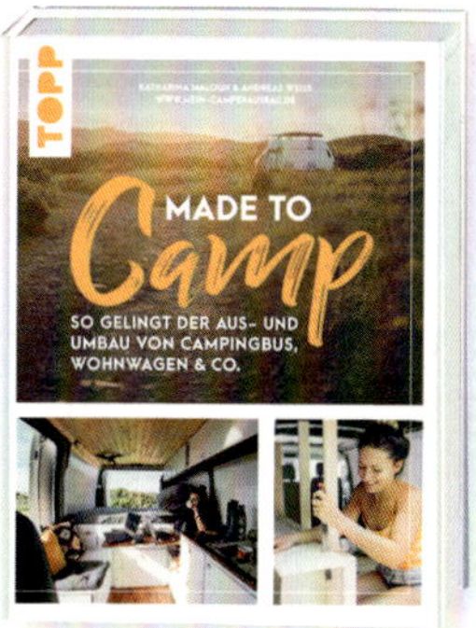

ISBN 978-3-7724-4501-9

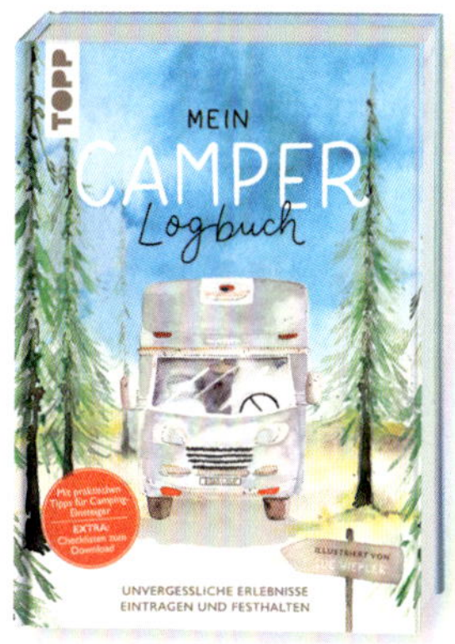

ISBN 978-3-7724-4548-4

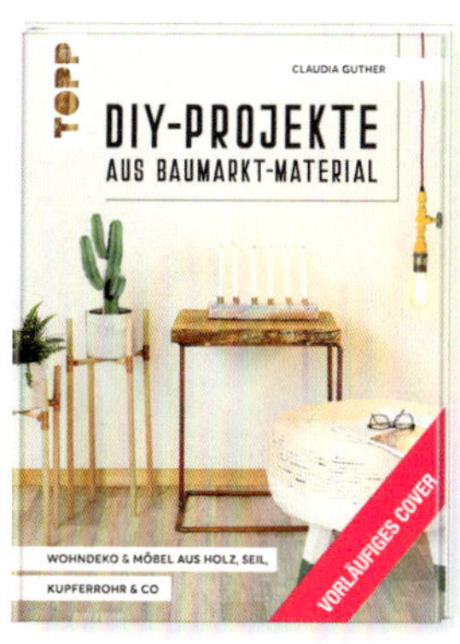

ISBN 978-3-7724-7169-4

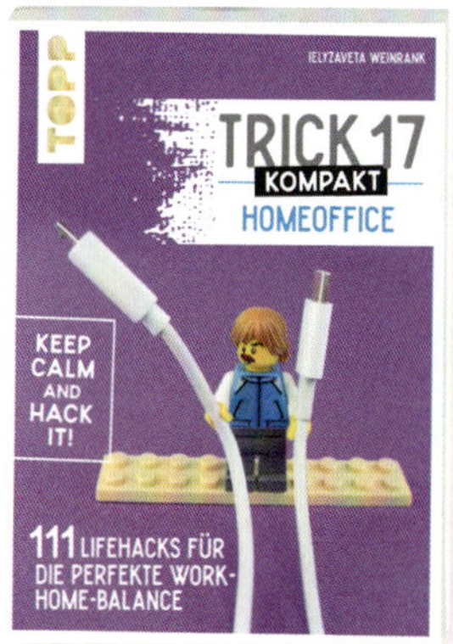

ISBN 978-3-7724-4631-3

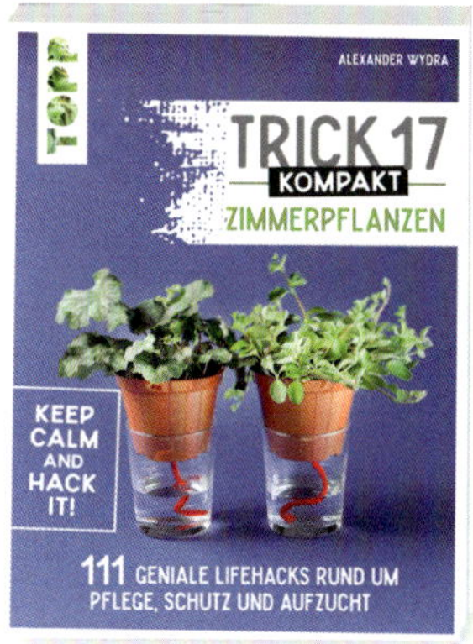

ISBN 978-3-7724-4579-8

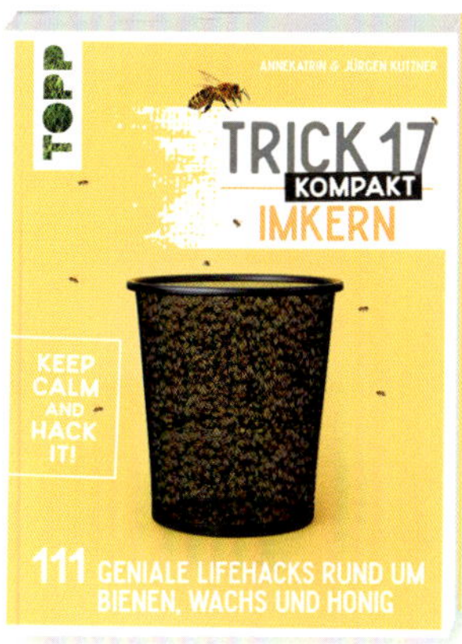

ISBN 978-3-7724-4580-4

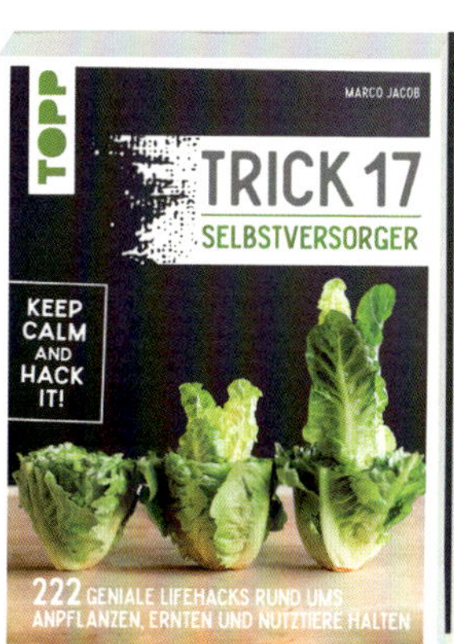

ISBN 978-3-7724-4522-4

BUCHEMPFEHLUNGEN FÜR SIE

Oder wollen Sie mal etwas Neues ausprobieren?

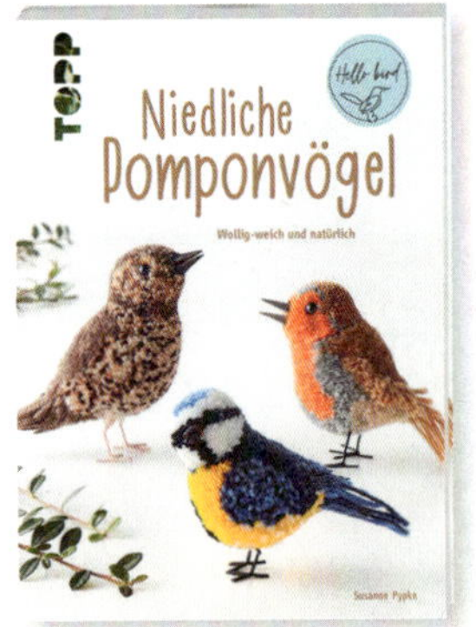

ISBN 978-3-7724-4632-0

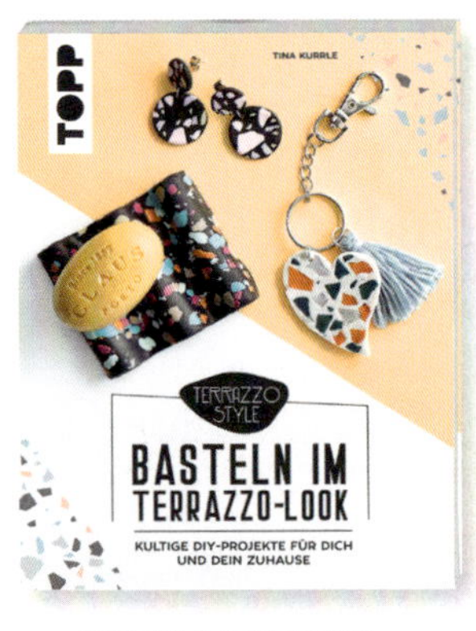

ISBN 978-3-7724-4630-6

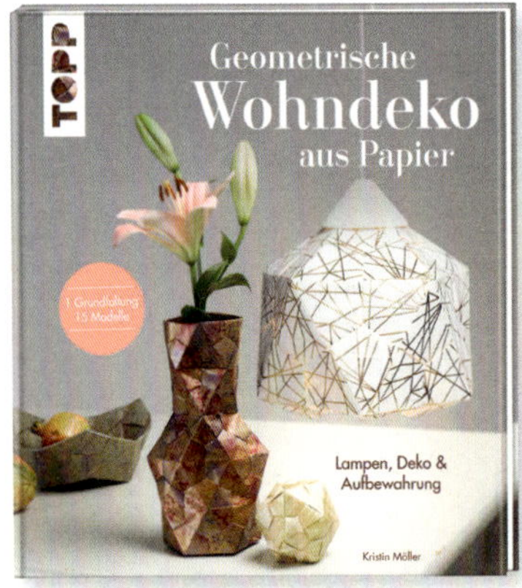

ISBN 978-3-7724-4566-8

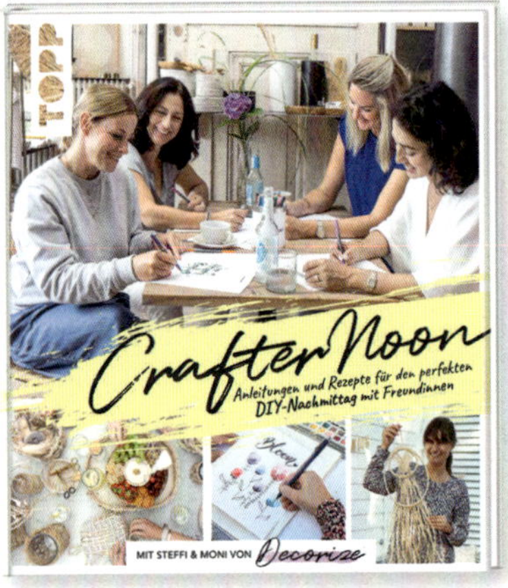

ISBN 978-3-7724-4550-7

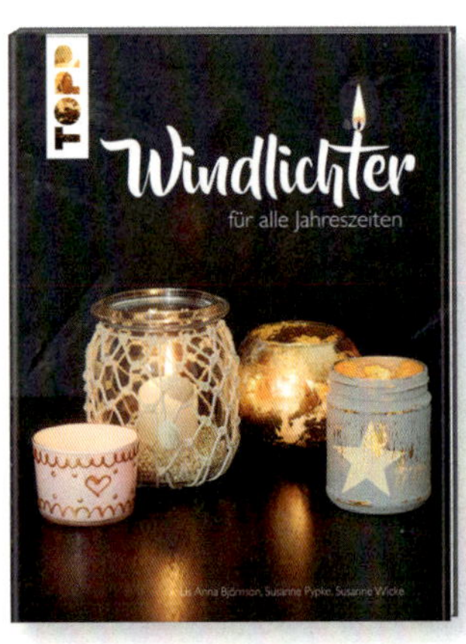

ISBN 978-3-7724-7112-4

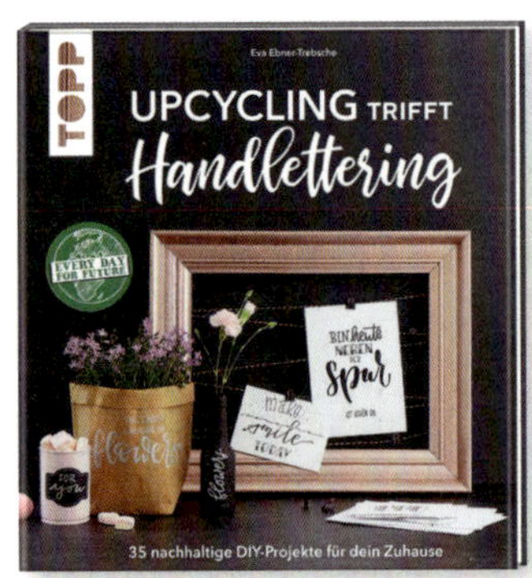

ISBN 978-3-7724-4524-8

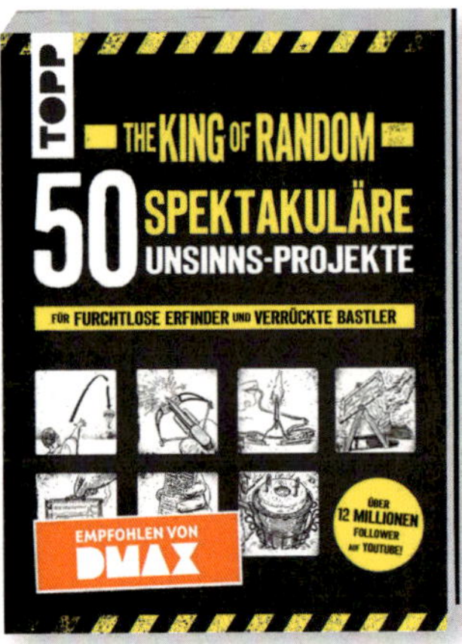

ISBN 978-3-7724-4515-6

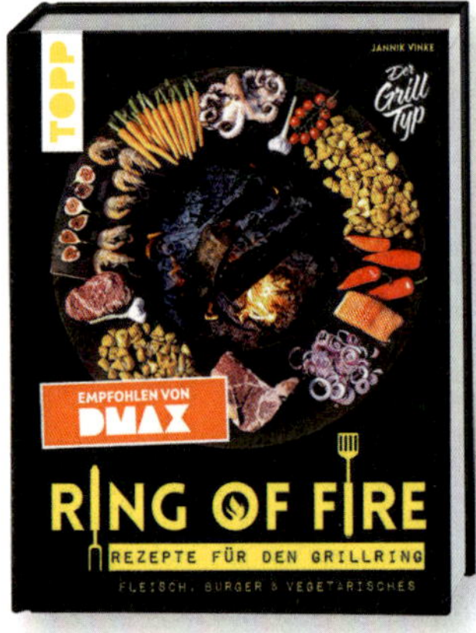

ISBN 978-3-7724-8068-3

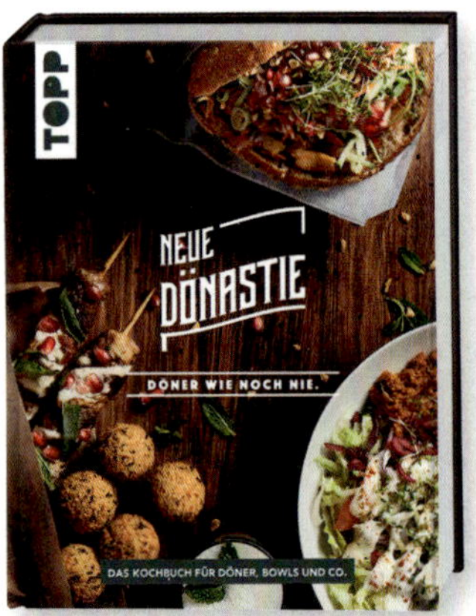

ISBN 978-3-7724-8070-6

Viele weitere Kreativ-Bücher finden Sie auf www.TOPP-kreativ.de

Alles zum Trend-Thema Makramee

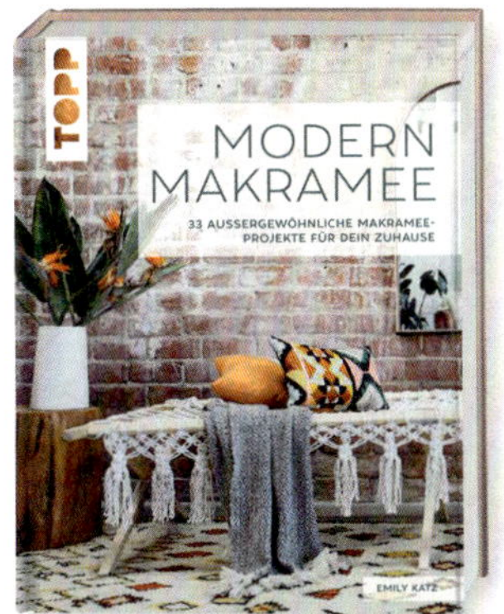

ISBN 978-3-7724-4552-1

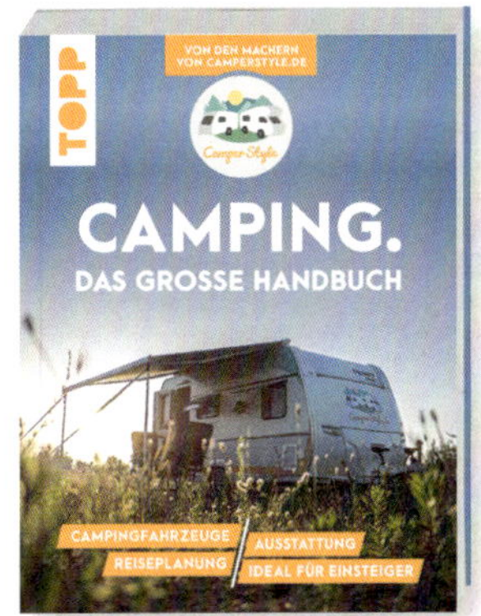

ISBN 978-3-7724-4549-1

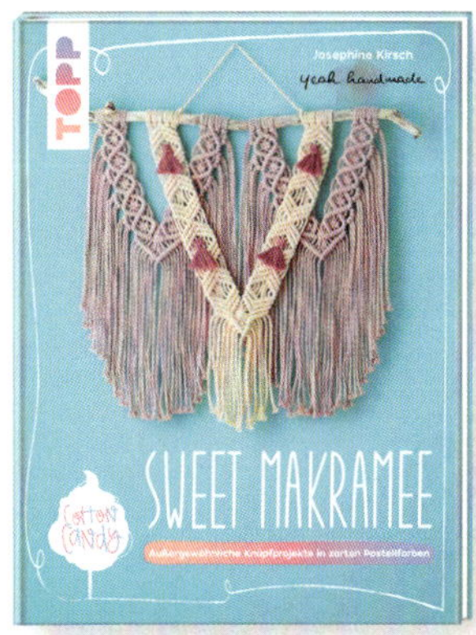

ISBN 978-3-7724-4628-3

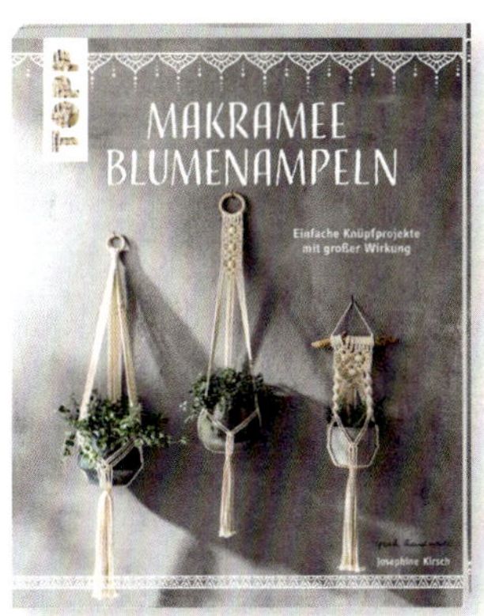

ISBN 978-3-7724-4629-0

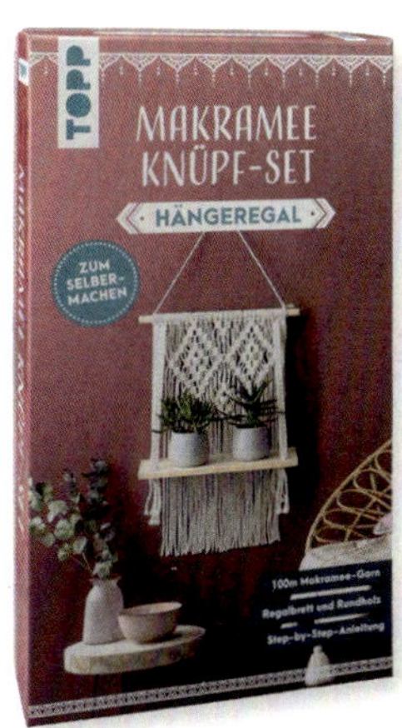

ISBN 978-3-7724-18212

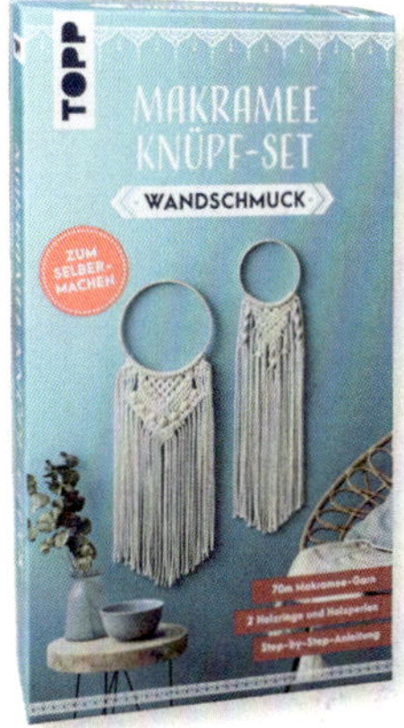

ISBN 978-3-7724-18213

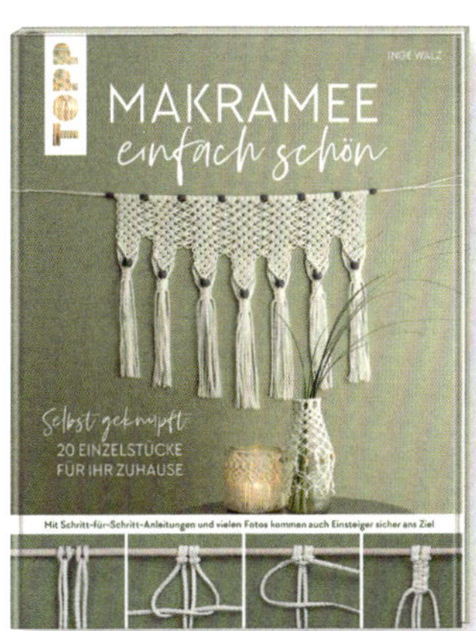

ISBN 978-3-7724-4553-8

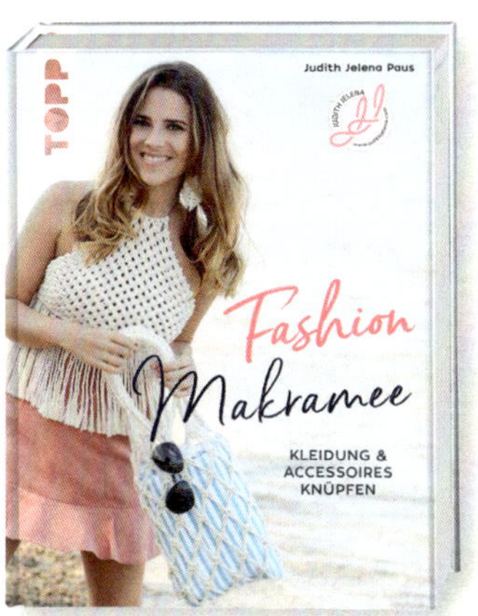

ISBN 978-3-7724-4655-9

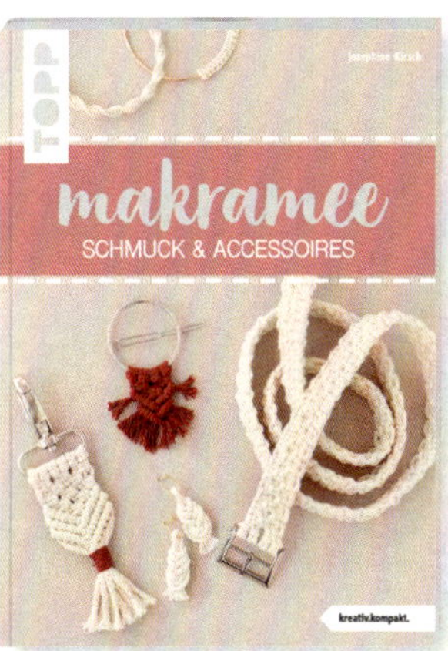

ISBN 978-3-7724-4384-8

#TOPPPROJEKT

Die eigene Kreativität zeigen: TOPPprojekt mit anderen Kreativen teilen und Teil der Gemeinschaft werden.

DIY-begeistert und auf Instagram? Dann unbedingt mitmachen! Hier gibt's Tipps und Feedback zu den eigenen Projekten. Außerdem verlosen wir jeden Monat ein Überraschungspaket. Um am Gewinnspiel teilzunehmen, einfach ein Bild vom Kreativ-Projekt aus unseren Büchern mit #TOPPprojekt posten und unserem Account @frechverlag folgen. Mehr Infos auf TOPP-kreativ.de/TOPPprojekt

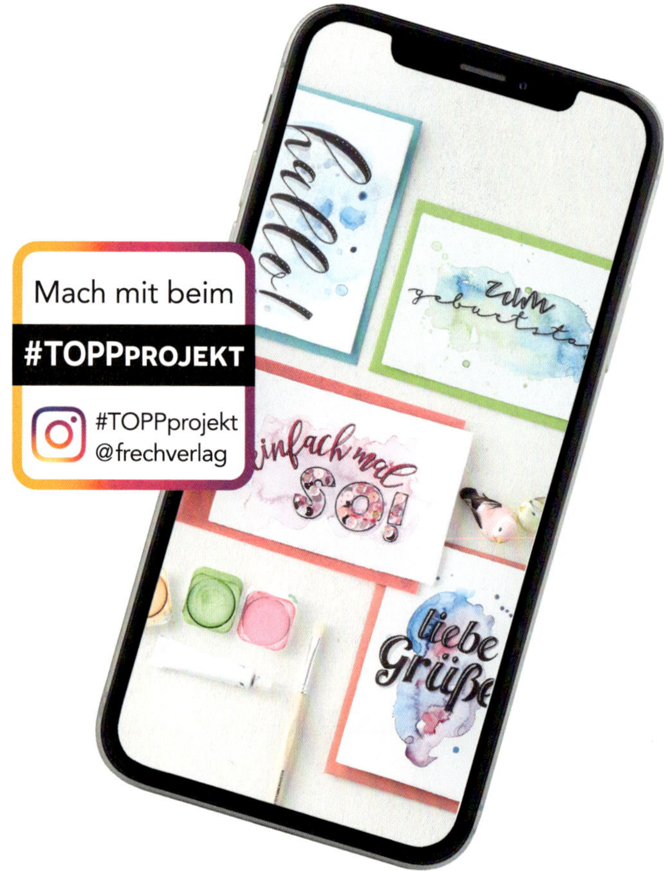

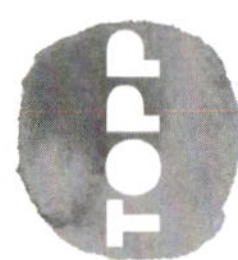

Website
Auf TOPP-kreativ.de können Sie ein riesiges Angebot von über 1.000 Kreativbüchern, Sets & mehr entdecken.

Newsletter
Gleich anmelden unter: TOPP-kreativ.de/newsletter und immer als Erstes von unseren Neuheiten und Sonderaktionen erfahren.

Instagram
@frechverlag

Pinterest
pinterest.com/frechverlag

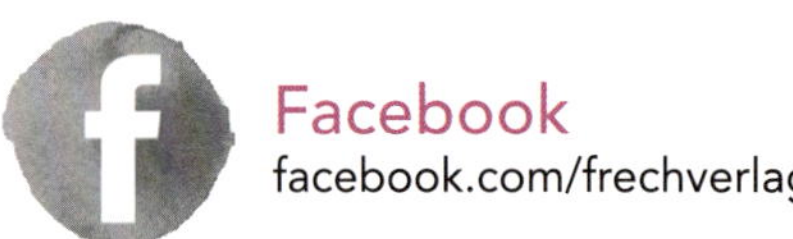

Facebook
facebook.com/frechverlag

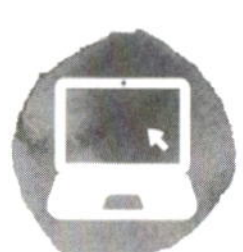

DigiBib
Hier finden Sie zusätzlich zu vielen unserer Bücher digitale Extras, wie Video-Tutorials, Plotter-Dateien, Vorlagen, Übungsblätter & vieles mehr. Einfach im Impressum Ihres TOPP-Buchs den Freischalte-Code nachschlagen und exklusive Inhalte freischalten. TOPP-kreativ.de/digibib

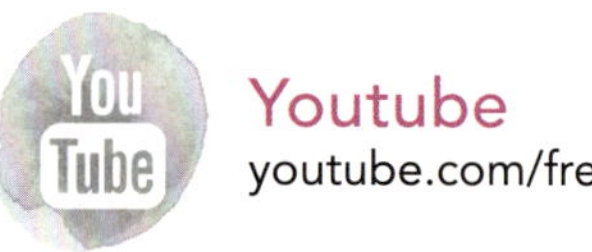

Youtube
youtube.com/frechverlag

Wer wir sind, wie wir arbeiten, was wir lieben …

Auf Instagram, Facebook und Pinterest finden Sie mehr über uns und unsere Arbeit und werden immer schnell und einfach mit den neuesten Infos versorgt.

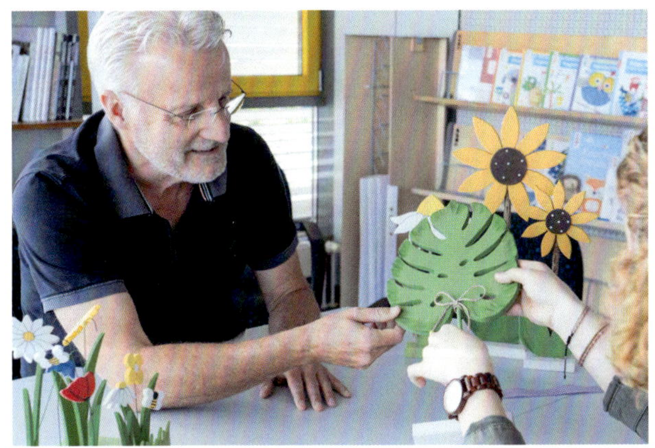

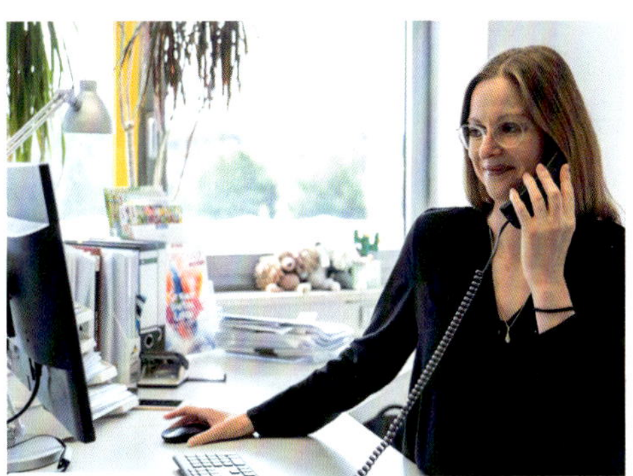

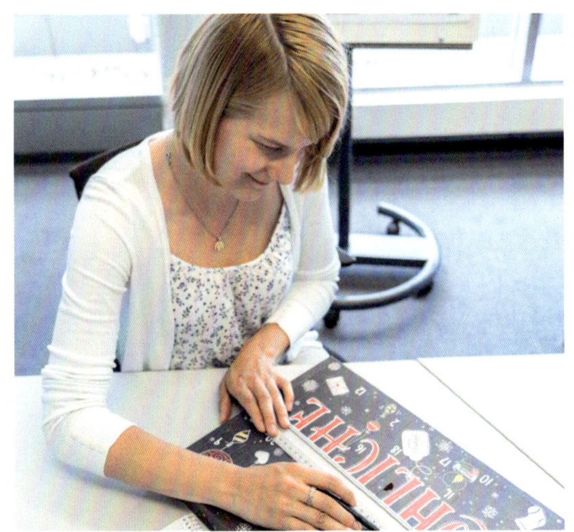

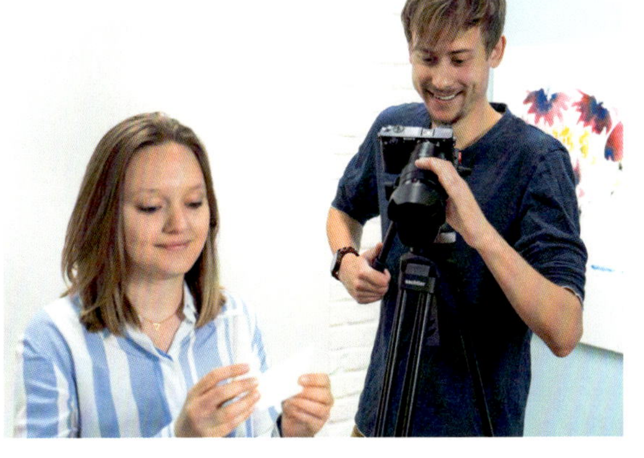

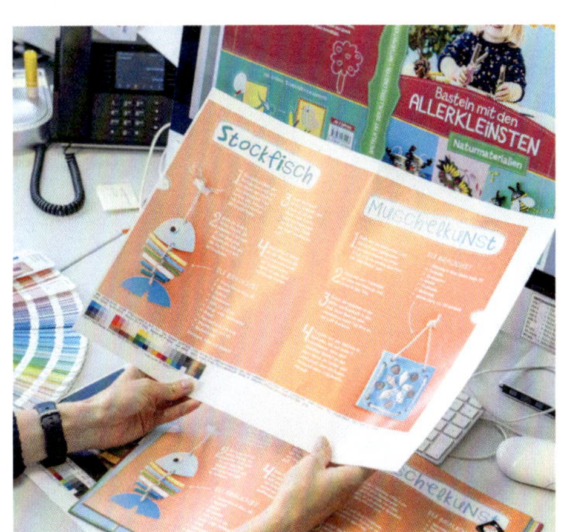

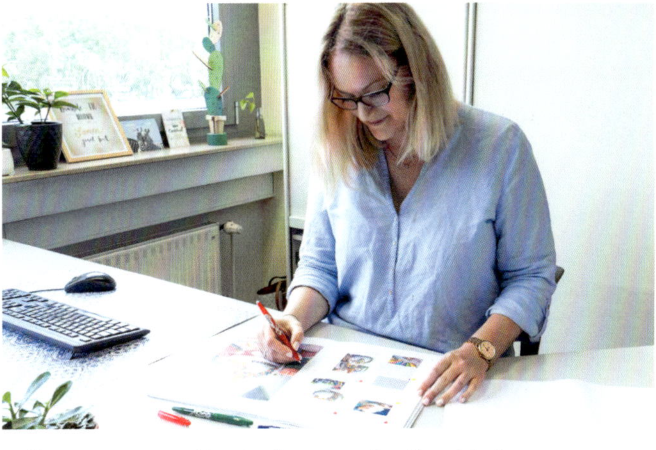

Alle News, alle Infos und alle Links finden Sie auf www.TOPP-kreativ.de

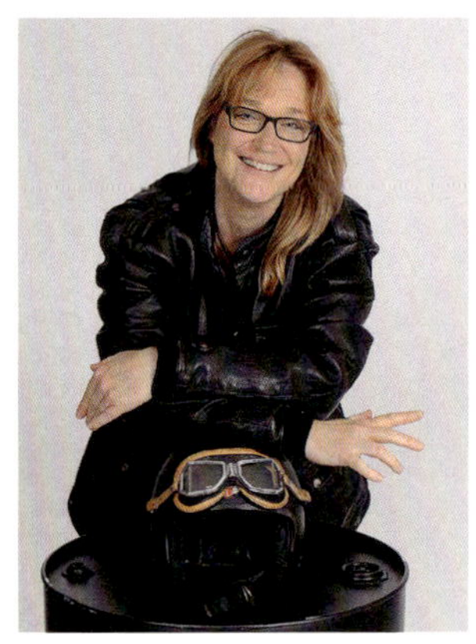

Claudia Guther lebt mit ihrer Familie im Raum Ludwigsburg. Mit ihrem Unternehmen www.kivents.de und dem Buchschreiben verwirklicht sie ihre Leidenschaft zu Farben, Aktionen und den aktuellen Trends. Ihr Unternehmen ist im Bereich Kinder auf Events stark vertreten. Das Basteln der neusten Kindertrends, der Einsatz des selbst umgebauten Feuerwehrautos als Spielmobil oder Farbeinsätze für die Firma Marabu oder als Kinderschminkerin sowie Airbrusherin, dies alles spornt sie jeden Tag aufs Neue an. Ihren Ausgleich gibt ihr der Wald den sie nicht nur mit Familie, sondern auch mit Kindergärten und Schulklassen als zertifizierte Waldpädagogin erforscht. Seit 2003 veröffentlicht sie beim frechverlag u.a. Bücher zu Raumdekoration, Kinderbeschäftigung und Acrylmalerei. Zuletzt erschienen sind die „Kinder-Welten", die „Alles-Paletti"-Bestseller und die „Outdoor-DIY-Projekte aus Baumarktmaterial".

DANKE

Es war wieder „Ausnahmezustand" bei der Familie Guther!
Einen Dank an meine Familie, die auch das kreative „Betonkochen" in der Küche parallel zum Mittagessen kochen erleben musste. Meine Nachbarn sind es zwar inzwischen auch gewohnt, doch Geduld mussten diese erneut beweisen, bei Staub und Lärm und zu gut(H)erletzt in dem künstlerischen Chaos, doch endlich ein Modell entdecken oder mir gar abschwatzen zu können.
Ich bedanke mich herzlich bei unserem tatkräftigen Sohn. Und vor allem bei den Online-Bestell- und Reservierungsservices verschiedener Baumärkte und den geduldigen Baumarktmitarbeitern.

IMPRESSUM

Projektmanagement und Lektorat: Eva Schrecklinger
Layout: Katrin Röhlig
Herstellung: Jessica Siebert
Satz: Werbeagentur Rypka GmbH.
Covergestaltung: Eva Hook
Fotos: frechverlag GmbH, 70499 Stuttgart; lichtpunkt, Michael Ruder, Stuttgart; Claudia Guther (alle Schrittfotos)
Druck & Bindung: Neografia, Slowakei

KREATIV-HOTLINE

Hilfestellung zu allen Fragen, die Materialien und Bücher zu kreativen Hobbys betreffen: Frau Erika Noll berät Sie. Rufen Sie an oder schreiben Sie eine E-Mail!

Telefon: 0711 / 123 757 20*
*normale Telefongebühren

E-Mail: mail@kreativ-service.info

1. Auflage 2022

ISBN 978-3-7724-7169-8 · Best.-Nr. 7169